—— 经济学名著译丛 ——

企业经济学

〔美〕哈罗德·德姆塞茨　著
梁小民　译

The Economics of the Business Firm:
Seven Critical Commentaries

创于1897 商务印书馆 The Commercial Press

Harold Demsetz

THE ECONOMICS OF THE BUSINESS FIRM

Seven Critical Commentaries

Published by the Press Syndicate of The University of Cambridge

This is a Simplified-Chinese translation of the following title published by Cambridge University Press:

The Economics of the Business Firm: Seven Critical Commentaries, 9780521588652

目　录

前　言

本书所包括的评论文章都是首次出版。其中大部分评论文章是我最近五年间在瑞典乌普萨拉大学和隆德大学，在朝圣山学社(Mont Pelerin Society)会议上，以及作为芝加哥大学经济与国家研究中心的客人在该大学短暂停留期间应邀所做的演讲。虽然现在的评论文章与最初的演讲不同，但那时的许多基本观点都保留下来了。

出版这一系列文章和研究的主要目的是向读者提出有关企业经济学的一些想法。我早就知道，很少有什么思想是全新的。但我相信，那些具有创造性的似是而非的观点会有利于本书提出的一些思想。我并不认为这些评论文章广泛地概括了所讨论的题目，但是在适当的范围内向读者提出这些思想，对于批评性地讨论所选择的著作往往是有用的，这些著作已形成了日益增加的企业文献的一部分。我提到的这些著作是在一个长期过程中出现的，从 70 多年前出版的弗兰克·奈特的《风险、不确定性和利润》开始，到现代关于利润衡量和管理者报酬的比赛理论为止。我希望读者会发现这本书中批评性的和建设性的内容对他们的思考和工作都是有用的，而且，也可以作为有关企业课程的补充阅读材料。最初演讲的听众主要是经济系和商学院的研究生和教员。现在这本书的对象也是基本相同的听众。但是，写作方法的非专业性使这些内容适合于经济系高年级研究生。

本书每一篇评论文章都可以独立存在，这反映了它来自各自独立的演讲，但有几篇显然是通过企业经济学这个中心议题而相互关联的。论述企业存在与组织的前两篇文章讨论了现在出现的企业理论的概念与理论争论问题。第三篇评论是要寻求改变我们仍属于企业生产函数中的观念，而且，它提出了改变生产函数对财产分配和经济发展这类广泛问题的含义的重要说明。最大化行为是第四篇评论的主题。第五和第六篇评论更适合有能力的学生，因为这两篇评论的特点是既有争论和讨论，也有利润与行政人员报酬的衡量的统计分析。最后一篇评论扩大到研究有关竞争的讨论。

哈罗德·德姆塞茨

第一篇　理论中的企业：定义与存在 1

经济学的中心理论仍然是新古典理论。从本质上看，这种理论对作为资源配置者的价格制度提供了诸多解释，但它还包含着一个简单的工商企业模式。为什么企业存在于价格理论之中？价格理论中企业的定义是什么？本书的第一篇评论正是要给这两个认识论上的问题确定一个适当的位置。我对这两个问题的处理与新近出现的企业理论中人们已熟悉的方式不同。对这些问题的回答顺理成章地引出了第二篇评论，这篇评论论述企业内部组织理论。现代企业理论没有明确地区分企业组织与企业存在。在这本书的写作中，我逐渐坚信，混淆这两个问题是混乱的根源。正如原子存在的理论与其电子体系内部运行没有什么必然的密切关系一样，对企业存在的解释与对企业内部组织的解释也没有什么关系。

在 R. H. 科斯 1937 年的经典论文《企业的性质》中可以发现混淆这两个问题的最重要的例证。科斯在这篇文章第二部分一开始就明确地确定了他的任务："我们的任务是试图发现企业在一个专业化的交换经济中出现的根本原因。"他的回答影响非常大，即市场，或者价格导向，并不是免费的。如果交易费用相当高，就可以证明用管理协调来代替价格导向的协调是正确的。但是，科斯接着又用交易费用来分析企业的内部组织，研究企业纵向一体化的程度，以及对长期雇佣契约的依赖。

经济学家对企业存在所显示出的兴趣主要并不表现为对与企业相关的事实的探讨，而是表现为对一种合乎逻辑的理论的探讨，这种理论证明了价格制度中企业存在的正确性。这完全是一种理论上的偏见，这种偏见的产生是由于科斯所暗含地提到的一个事实：企业作为一种理论上的构想与我们所说的新古典经济学的价格理论的重要内容很不适应。但我认为，如果能正确理解理论中企业的作用，适应性就不是什么大问题。不适应是由于我们在这种理论
2 中说明企业的方法不适当。在本文的后面我们还要回到这个问题，在这里我们提出对企业的另一种解释。

当代经济学文献把企业的组成要素与它对管理协调的依赖混为一谈。过去的经济学文献也是这样认为的，但我在一开始时就要把早期关于管理协调和企业存在的两种最有影响的观点进行对比分析，这就是弗兰克·奈特和 R. H. 科斯的观点。有关新古典理论的文献似乎并没有认识到强调企业存在的必要性。那些文献涉及一个相关的存在问题，即在一个假设的高度竞争经济中利润存在的问题。在这种经济中，一种要素的边际生产力的值决定了它在市场上所得到的价格。竞争的市场不允许向没有生产性贡献的要素支付报酬。利润是支付给企业所有者的报酬，但是，与汗流满面的劳动者不同，所有者所做出的生产性贡献并不是显而易见的，而且其合理性也由于利润本质上是一种无法确定的东西，或不易于计算其总量这一事实而被复杂化了。过去的经济学文献提出，所有权的生产性作用在于企业所有者承担了风险，如果有需要承担的风险，那么，利润的存在就被归结为对承担风险支付报酬的必要性。我们可

以把这种利润的合理性和现实世界与完全竞争模型的充分信息假设之间的实际背离联系在一起，这正是奈特在《风险、不确定性和利润》这本颇有影响的著作中批评的主要目标。正是由于这种批评使人们第一次认识到解释企业存在的必要性。

奈特的解释

奈特在他的著作中所确定的主要任务既不是解释企业的存在，也不是解释企业的组织，而是解释利润的存在。奈特说明了，即使放弃完全竞争的充分信息假设，以致风险可能存在，风险也没有给利润提供令人满意的解释，因为利润与事件结果已知的概率分布相关。一家保险公司可以精确地计算出火灾风险的合理保险费，并向进行火灾保险的企业收取这种保险费，企业只是把这种风险变为从事经营的另一种成本。通常应该把进入、退出和竞争作为与任何一种其他生产成本一样的风险。因此，风险并不能产生利润。在竞争均衡时不可能存在超过包括风险成本在内的全部成本的经营前景。完全进入导致利润可能消失的后果。

奈特接着指出，不完全信息应该反映了在能产生利润（或亏损）之前还有风险之外的某种东西。某些事件必然是无法预测的，因此
不可能把不确定性转变为一种已知的生产成本。奈特创造了一种 3
不完全知识的新分类来适应这种需要，他把这种新分类称为**不确定性**。不确定性与风险的区别在于，与不确定性相关的是人们对可能的结果了解甚少，以致没有一种保险统计类型是可能的。不确定的事件可能引起利润或亏损，因为进入或退出市场并不能合理地解释

对这些不确定事件的预测。

由于承认了不确定性的存在，奈特就没有遇到如何重新定义竞争均衡，或者如何证明当竞争与不确定性并存时均衡的存在这类问题。如果奈特的目的是要恢复利润在价格导向经济中指引资源配置的作用，那么，不确定性就是利润的直接来源。由于存在不可预期性，利润就无法合理地影响资源配置决策。在新古典理论和亚当・斯密的《国富论》中，使利润成为一种重要变量的正是它为资源流动所提供的指导。然而，现在我们终于得出了与企业存在有关的观点——如果认为企业的存在是为了获得利润，那么，把不确定性作为利润的唯一来源就削弱了对企业存在的解释。奈特否认了风险是利润的来源，并用一种不可预期的利润来源代替风险，这就需要一种说明企业存在原因的新理论。至少这是我对奈特偏离了利润这个中心论题而去论述企业存在问题原因的解释。他本人并没有意识到这一点，但是，他偏离了使他的分析由风险产生利润到不确定性产生利润的推理思路是为了提供一种企业存在的理论。这种理论在很大程度上不是取决于利润，而是取决于风险，或者更准确地说，是取决于风险的分布。①

奈特说明了，企业在所有者-管理者与雇员之间重新分摊风险的有利性。由经营结果波动而引起的利润与亏损由所有者-管理者承担，他们按契约向雇员支付较为稳定的工资。这样，雇员至少免受部分经营结果波动的影响。在奈特看来，这种风险的重新分摊是有效的，因为他认为这种做法使他相信较为愿意承担风险的人承担

① 事实上，奈特从来没有使利润的不确定性来源和利润引导资源具有的合理性相一致。关于这一点和奈特不确定性理论的其他内容可以参阅德姆塞茨的文章（1988b）。

了更多的风险，即所有者-管理者承担了更多的风险。推测可知，没有要对付的风险也就没有企业。

作为向雇员提供稳定工资的回报，所有者-管理者要求雇员允许监督他们在企业内的活动。由于接受这种监督，雇员反过来要求以契约的形式把减少了风险的工资固定下来。这样，奈特解释了企业的存在、工资制度，以及对雇员管理监督的依赖，这一切都是伴 4
随着有效地分摊风险的愿望而产生的。在合作各方中分摊风险的这种进步，与奈特对企业存在的**生产率**解释是一致的。对企业存在的经济解释必须坚持对可望经常遇到的状况的可信性描述，使企业成为一种生产性制度安排，而且，我的讨论将涉及以生产率解释为依据的其他企业存在理论。[①]

奈特对企业存在解释的探讨在某些方面与以后科斯提出的另一种解释有共同之处。正如可以把奈特关于有利风险分摊的解释作为一种以成本减少为基础的解释一样，也可以这样看待科斯的解释。但是，奈特所根据的是通过风险的重新分摊来减少风险成本，而科斯所根据的是通过用管理协调来代替价格导向协调而减少协调成本。

科斯的解释

科斯在提出他现在著名的企业存在的解释时，依靠了交易费用

① 读者应该记住，我们的题目是企业的存在，而不是企业组织。就企业的存在与管理-工资制度的运用而言，奈特主要依靠风险的重新分摊。至于企业组织的其他内容，奈特提出了颇有见地的道德危险的考虑。

(尽管风险也可能是影响交易费用诸多因素中的一种)。如果通过市场安排协调资源的费用(即交易费用)超过了企业内管理资源的费用,企业内有管理的资源配置就是至关重要的。可以通过管理协调来减少协调费用是科斯对企业存在的生产率解释。

为了反驳奈特的观点,科斯提出,一般所接受的风险并不一定有奈特所要求的控制权的相应转移。他指出了这一事实:当企业从其他企业购买物品时,它们通常向供给者支付风险很小的按契约规定的数量,这就和奈特的企业向雇员支付契约规定的工资一样。进行购买的企业一般并不坚持要求或获得对供给者的监督控制。[①]

科斯的反例乍看起来并不是一种有力的批评。可以把奈特的说法解释为,要求用合作者之间风险承担能力的差别来证明企业形
5 成的合理性。在奈特看来,当涉及所有者-管理者与雇员时,这种差别是显而易见的,但他认为,当涉及两个企业时,情况并不是这样。如果这些企业的所有者没有有序的不同风险偏好,那么,通过在企业之间采用契约安排就不能像在企业及其雇员之间那样改善风险的分摊。因此,奈特认为,不能根据有利的风险分摊来证明两个企业合并为一个企业的合理性。

然而,奈特的理论还存在一个更为严重的问题。由于所有者-管理者更多地承担的企业经营中固有的风险可以通过市场交易得到补偿。因为雇员承担的风险越少,使雇员满意的工作报酬就越低。所有者-管理者并没有明确要求通过对雇员的监督来获得承担

---

① 科斯还应该增加一点,即稳定雇员工资会引起就业波动的加剧。但他没有这样做。如果这种波动相当大,这种工资制度就会增加由工资收入者承担的收入风险,而不是增加所有者-管理者的风险。奈特的理论要求不存在这种情况。

风险的报酬。同样，在科斯的反例中，决定企业及其供给者之间交换的价格应该反映出风险的分摊，而且，在讨论这个反例时，科斯注意到了市场确定补偿风险承担价格的能力。由于工资或价格都要适应实际的风险分摊，所以，风险的重新分摊实际上并不能对企业或企业对雇员的监督提供一个令人可以接受的解释。没有企业这类制度的协助，价格制度也可以解决风险分摊问题。令人有点惊讶的是，奈特过高估计了这一点，因为他根据风险利润来讨论问题，显然就承认了存在着一种市场决定的承担风险价格。

但是，奈特甚至对这一点也作出了回答。虽然如上所述他论述了风险的重新分摊，但他断言，他被误解了。企业所经历的业绩波动实际上是由于不确定性，而不是由于风险。如果经营活动结果的波动反映了不确定性，那么，就缺少与补偿所有者-企业家按协议支付较固定工资相一致的工资支付标准所要求的预测。然而，这是不可能的。这种工资支付的价值用对雇员行为控制的价值来衡量——作为固定工资支付的回报转交给所有者-企业家。

如果简单地把对雇员的管理作为减少风险的一种方法，而不仅仅是重新分摊风险，那么，奈特关于企业存在与组织的合理性就更有意义了。在所有者-管理者承担了大部分企业经营中固有的风险的情况下，他们感兴趣的显然是减少风险。在奈特心中真正关心的可能是减少风险，但如果是这样的话，他并没有明确地说明这一点，而且，从文字上来解释，他的理论是根据风险的重新分摊来证明企业存在的合理性的。

科斯坚持注意交易费用，而且在说明交易费用如何影响企业这类制度安排时也是受惠于这种认识。科斯的企业存在理论并没 6

有由于某些与奈特相同的缺点而陷入困境。但是，协调费用与风险费用一样，仅仅为根据生产率提高来证明企业存在的合理性提供了一种可能的途径。还有许多潜在的减少费用的途径，而且，每种途径都影响到所选择的经济组织工具是企业还是市场。科斯依靠协调费用的减少充分解释了在一个其他方面是市场导向的经济中企业的存在，但并不一定要这样解释。更重要的是经验意义问题，科斯的解释和其他解释的经验意义是，与正在形成的现代企业理论相比，它提出了一个更不易解决的问题。

在新古典理论中暗含了企业生产率的另一个重要来源，但是，要充分理解这一点，我们就应该更清楚地说明我们所说的企业是指什么。缺乏企业的准确定义正是科斯和奈特的讨论以及近年来有关企业的许多文献的特征，通常用“管理协调”来代表企业。这些讨论似乎认为，资源的管理协调是企业所特有的，但是，并没有像他们的讨论所认为的那样可以明确地划清管理协调的界限。家庭中也有管理，但我认为家庭不是企业。此外，在这些文献中肯定与企业无关的市场交易至少也要求一点管理。一名顾客让售货员给他从货架上选某一件物品，而不是另一件物品；在购买时，他让售货员用某种信用卡并把物品放在包里。售货员所作出的反应似乎是由他的部门经理管理，而不是由顾客管理。一名投资者让他的证券商核对他所关注的信息的正确性，提出在某个时间某种数量的指令，并要求返回交易证明。我们是在一个企业内的管理协调，还是通过一个市场的管理协调？而且，如果市场交易包含了有意识的管理，那么，有意识的管理也包含了市场交易。企业本身是契约的联接。因此，如果交易费用增加了，那么，只有在形成企业的契约不会像其他交易那样多地增加费用时，才有利于管理协调的替代。

新古典理论中企业的再考察

由新古典理论概念化了的企业并不仅仅是这种理论的附属物；它对新古典理论解释价格制度的探讨有重要的帮助。为了理解为
什么是这样，就必须了解新古典理论处理协调问题的性质。这个问 7
题是要说明价格制度如何运行，而价格制度的任务是解决现代经济中存在的相互依赖性。这种理论通过构想一个假设的人们互相依赖的经济来解决这一问题。这种构想取决于经济活动的两个特征：极端的分散性与极端的相互依赖性。极端的分散性使所有企业和家庭都不能影响价格。因此，他们没有决定价格，是价格制度决定价格。新古典理论的这个内容是很容易理解的。但并没有解释相互依赖性的必要性。

与相互依赖性相对立的自给自足是为自己的消费而生产。一个由若干自给自足的个人组成的经济没有资源使用的社会协调问题（尽管它仍然有财产分配的社会协调问题）。新古典理论所考虑的生产问题的社会性产生于对其他人，尤其是对陌生人的依赖。因此，让这种假设的经济中只居住不自给自足的人，特别是依赖陌生人的人对新古典理论是有用的。对比以下两种情况就可以清楚地看出相互依赖性对理解价格制度的重要性：

1. 独自居住在孤岛上的鲁滨逊·克鲁索必须决定在他储存的淡水中消费多少，以及用多少时间与精力去保证新的淡水供给。

2. 一个市民社会中的千百万人从数千个拥有并经营水井的不

同个人那里获得水。

第一种情况涉及决策，但没有社会协调问题。计划是由一个人构想并实施的。如果克鲁索没有犯计算错误，那么，他的计划就会导致合适的行为和可预期的结果。从决策到行动再到结果之间的关联是直接的、公开的和有意识的。而且，我可以补充一点，这是管理协调。克鲁索管理他自己而不是别人的时间与精力这一事实并不能把他的决策、计划和活动排除出“管理”范畴之外，特别是如果在克鲁索的行为中存在着潜在的暂时不一致问题时，更是如此。管理并不取决于复杂组织的存在。但是，自给自足的管理缺乏社会性，正是这种社会性激发了新古典理论。在克鲁索使用资源和其他人使用资源之间并不存在潜在的冲突和不一致性。

第二种情况就具有重要的社会协调问题。水是由许多地方的许多人提供的，并没有任何一种明显的方式来协调这些人的活动，
8 而且，水是由许多其他人使用的，这些人并没有有意识地计划或控制水的生产。有什么理由可以相信水的生产与消费数量是合理的呢？这种问题正是新古典理论的中心。为了正视这个问题，就构想了一个假设的经济模型，以便使这个经济中如此相互依赖，以致没有一个人是克鲁索那种意义上的自给自足。[1]

这个模型是借助于家庭和企业这两个“黑匣子”而完成的。家庭向其他人出卖自己的劳务，并向其他人购买物品。家庭并不自己利用资源为家庭成员生产物品，它把自己的资源提供给企业。企业

---

① 在这些人根据他们所面临的价格作出自己决策的范围内，他们仍然是自给自足的。

购买或租用这些资源，它们生产的物品并不是由自己的所有者和雇员消费，而仅仅是为了销售给家庭。所要关心的是价格在协调这种高度相互依赖性中的作用，而不是家庭和企业管理自己内部事务的方式。在这种理论中，家庭和企业所作出的贡献是使价格制度去应付极端的相互依赖性和分散性。“家庭内”的生产和“工作中”的消费被排除了。这一点暗含在流量循环图中，这个图曾是基础经济学教科书中人所共知的解释性工具，但人们对流量循环的理论意义了解甚少。教科书错误地强调了流量循环，而没有强调它所描述的交易中显示出来的相互依赖性和分散性。

作为专业化生产单位的企业

由于缺乏更适当的词汇，我用专业化来描述为外部世界进行生产的生产单位；这种用法不同于只做一件事那种意义上的专业化，尽管任务的缩小通常也伴随有为其他人做事意义上的专业化。在新古典理论中，企业不仅仅是一个“黑匣子”，而且是一个专业化的“黑匣子”。在企业内所做的事可能不止一件，但无论做什么都是为了外部人使用，而不是内部人使用。没有注意到管理生产的复杂性（或者说，相应的是没有注意到家庭内争执的解决方式问题）。这种企业概念的作用是把生产与消费分开，从而克鲁索式的自给自足就不存在了。在自给自足不存在时，联结生产和消费的协调制度仅仅由两部分组成：非个人决定的市场价格和个人决定的嗜好。新古典理论中描述了两者之间的相互反应。因此，完全竞争的企业是将价格制度置于其上进行检验的大厦的重要建筑材料，在其中唯一的协调机制是为了把生产和消费联结起来。在这种理论中根本不需

要企业是一种组织。它所需要的全部就是一个简单的所有者–管理
9 者–雇员，而且，实际上新古典理论也没有注意现实企业内众多的组织问题。当企业所需要的仅仅是把生产与消费分开时，**组织**并不一定会使事情复杂化；生产必须只能是为外部人员消费。所需要的是企业的概念，企业中的生产仅仅是为了卖给那些通常在企业以外的人。这就要求（根据新古典理论）给企业下定义，但它几乎不涉及一些人对另一些人的管理。在新古典理论中，企业只不过是一个**专业化的生产单位**而已，但它也可以是一个人的单位。

交易理论与专业化理论的比较

这种企业的概念不同于当代经济学文献中广泛使用的企业概念，也不同于早期奈特和科斯的著作中所使用的企业概念。在那些文献中，企业和市场被作为替代品，因为所强调的是协调资源使用的不同方法。这里强调的是专业化生产，而不是企业的内部组织。从这种观点看，市场与企业**不是**替代品；如果说这两者之间存在某种关系的话，那么它们是互补关系。市场并不为别人生产物品，因为它并不生产。因此，在企业的专业化理论中，市场不能替代企业，而且，这两者都不能替代价格制度。市场是使出价与要价相一致，使各种权利进行交易，并寻找出完成这些交易的价格的安排的概念化，但是，完成这些事情的活动是在企业之内。这些企业可能是中间商，有组织交换的成员、契约律师、金融新闻的收集者和传播者等。所有这些都是交换劳务的专业化生产者，在这些劳务的生产过程中他们可能主要依靠管理协调，也可能并不依靠。

在每个人都拥有关于价格和技术的完全信息的世界中，价格协

调是自我管理的一个代名词，因此，应该考虑的是自我管理与别人管理的替代。价格并不起协调作用，它提供信息。每一个资源所有者都了解在完全信息世界中所有能了解的情况，他们可以自己管理自己的资源，并将之用到有最高价值的用途中。当信息有代价而且不完全时，自我管理就要让位于其他人的管理，因为这是利用专业化知识的一种有效方法。专业化知识与企业内部组织的相关性是我们在下一篇评论中要再讨论的题目。

专业化理论对企业的存在提出了一种与交易费用理论完全不同的观点。根据交易费用理论，如果（相对于管理费用）交易费用降 10
低了，原先在企业内进行的活动现在就可以在市场上完成。在极端情况下，如果交易费用为零，企业就不再存在，而且所有活动都由市场来完成；这就解释了市场对企业的替代。如果交易费用极高，那么，就会支持在企业内配置资源而放弃市场。根据专业化理论，交易费用的减少引起企业的分工，每个企业倾向于集中生产某种产品系列的一小部分。交易费用理论把这种分工称为企业替代市场，但专业化理论认为这仅仅是企业数量的增加。真正的情况是，这些新企业之间的联系并不是有管理的（如果这些企业是价格接受者）；而在分工之前，联系是有管理的。而且，看起来这就减少了对管理协调的依赖，同样正确的是，大量的企业要求更为集中的管理单位。因此，不能认为如果减少了交易费用，就会减少对管理协调的依赖。而且，如果交易费用为零，企业也不会从地球上消失。根据专业化理论，企业不能消失是因为物品仍然是为了销售给别人而生产的。企业简单地实现了最大可能的分工，或者达到了独立管理单位的最大可能的数量。[①]

在分析交易费用减少时，专业化理论认为，在原先由一个企业内进行的各项活动之间插入市场，不是由市场替代企业，而是由两家企业替代一家企业。假设专业化是有生产率的，那么，这种替代既可以增加经济的总产量，又可以增加这个总量中在企业生产的比例（与自给自足方式中生产的比例相比）。由于交易费用的减少，个人对其他人（陌生人）的依赖程度提高了。对市场的依赖也提高了，但这并不是由取消企业而引起的。随着对市场依赖性的提高，企业的数量增加，企业向外部销售的程度也提高了。经济中企业与市场的重要性是正相关的。

从专业化理论的观点来看，交易费用的增加引起了与此相反的过程：企业的数量减少了。交易费用理论也注意到了这种变化，但作出了完全不同的解释。交易费用理论把这种变化解释为企业替代市场，从而管理协调的重要性提高了。专业化理论简单地把这种情况作为企业数量和独立管理单位数量的减少，但并不是用管理协
11 调来替代价格导向的协调。只要在市场上进行买卖，管理在内部配置资源时的作用就会提高，但是在两个独立管理的团队被一个团队替代时，管理的作用减少了。企业数量和市场的利用都减少了。在经济中企业没有变得更重要；专业化的减少必然引起经济中产品在企业生产的比例下降，而自给自足经营的比例提高。如果认为交易

① 如果交易费用为零，应该存在多少企业取决于规模经济和范围经济的考虑，但是，每个企业比交易费用为正时更倾向于专业化；在这里“专业化”是指生产集中于少数物品上。

费用的增加不仅增加了交换物品的费用，而且也增加了设计契约联系的费用（这种契约把一个企业中的许多团队联系在一起），结果显然就是向自给自足靠拢，而远离了市场和为其他人生产。科斯认为变化是用企业替代市场，衡量这种变化的标准是结果有更多的活动在一个企业内进行（尤其是纵向相关的活动）。但是，专业化理论提出的变化的观点是用企业替代自给自足，而且，其数值是结果生产的产品中有多大部分是为了卖给其他人。即使纵向一体化减少了，这个比例也会提高，当纵向一体化提高时，这个比例可能会下降。如果企业高度专业化比企业高度纵向一体化能使在经营部门内进行的生产多于自给自足的生产，那么，降低交易费用就提高了经济在总产量中对企业的依赖。专业化理论的基本思路是：企业之所以存在是因为与自给自足相比为其他人生产是有效率的；这种效率是由于有规模经济、专业化活动以及低交易费用的优势。而且，如果斯密的主张（专业化受市场范围的限制）正确的话，那么，就可以得出：(1)市场越大，用于交换的每一美元物品的交易费用越低；以及(2)市场越大，企业对经济产量的重要性越大。[①]

认识到专业化生产是企业的显著特征就很容易说明，新古典理论要求企业所有者具有利润最大化行为的原因。由于企业仅仅是为了向其他人销售而生产，并不是为内部工作中的消费而生产，所以，企业所有者通过使企业利润最大化，然后在自己家庭内储蓄或

① 证据是至少对高度组织化的市场来说，交易费用与市场规模之间存在负相关关系（德姆塞茨，1986a），以及纵向一体化与市场规模之间也存在负相关关系（德姆塞茨，1989）。

消费这种利润来实现自己的效用最大化。由于企业的交易费用理论并没有强调相互依赖性和专业化，所以，它在逻辑上也就不要求企业的利润最大化。管理协调可以适用于任何一种目的，因为企业
12 并不需要仅限于对外部进行生产。现实企业可能从事工作中消费的生产，但在新古典的解释中不存在这种情况。

对新古典利润最大化假设的批评，其错误在于这种批评认为它假定对于现实企业的所有者来说只有利润最重要。毫无疑问，利润是这些所有者的重要考虑，但是，利润最大化假设是广为接受的效用最大化在生产完全专业化地为销售给其他人的制度中的必然结果。这个假设并没有排除企业所有者的消费与慈善行为，它只是简单地把这些行为放在另一个“黑匣子”——家庭中。新古典理论中企业的特征是作为一个为外部生产的单位，但非常奇怪的是，新古典理论并没有公开承认这一点。新古典理论并没有给企业下一个定义。而且，它也没有认识到，企业所有者的利润最大化行为并不是由于他们的心理，而是由于一种没有说出来的前提，即他们所拥有的企业只是为外部人的消费而生产的。

还应该注意企业的交易费用理论与专业化理论之间的最后一个差别。交易费用解释中所用的“管理”这个词并不是专业化理论中企业的基本要素。要设想完全没有管理是很难的，因为企业进行生产，而生产要求以某种方式控制资源。即使是在一个人的企业中也无法把控制与管理分开。但是，在新古典理论中企业是一个简单的概念，它形成并代表了投入品所有者把自己的投入品放到最高价值使用中的行为。在完全了解价格这一假设时，并不要求企业所有者完成这种行为。把投入品放入适当的地方与其他一些投入品共

同发生作用仅仅是投入品所有者（家庭）对价格作出反应的独立行为。投入品不适当结合的价格低于适当结合的价格，而且，所有家庭都正确地使用这些投入品，因为对技术是完全了解的；不适当的技术会使投入品的价格降低。

我们通常认为企业的所有者-管理者是这个过程所必需的。在现实世界的企业中，所有者-管理者是必需的，但在完全竞争的企业中，并不是这样的。在新古典理论中，企业仅仅是一种文字表述的方便，只是要描述为其他人的专业化生产。这种企业所需要的一切就是对相关价格作出反应的投入品所有者拥有完全信息。投入品所有者运用他们投入品的行为方式与他们消费支出的行为方式一样，简单来说就是使嗜好与市场价格所提供的机会相匹配。虽然这种把投入品“放到一起”的做法遵循了利润最大化的规定，但竞争使得均衡时利润与亏损都不存在，因此也就不需要有一个企业剩余的接受者。经济租是存在的，在供给稀缺时它归投入品所有者。13
在企业内也不需要监督。由于生产是为了卖给其他人，所以，尽管对已知市场价格和技术简单地作出反应的投入品所有者代替了企业所有者，但企业的专业化理论中的企业也只是把投入品放在一起。交易费用理论中的企业并不是这样，因为这种理论坚持用管理协调替代市场导向的协调。在新古典理论的完全竞争模型中，即在价格似乎做了每一件事的模型中，解释企业存在的难题现在已经解决了，并不需要一个管理协调意义上的企业。实际上，只需要为别人生产意义上的专业化。虽然从新古典理论的价格制度中引申出这种企业并不难，但这种企业是非常不现实的，这就正如完全竞争非常不现实一样。

为了卖给其他人的专业化生产也是现实企业的主要依据。一个企业不会为自己进行经营生产；因此，为了卖给其他人的专业化生产对解释现实企业的存在就是适合的。在过去一个世纪以来，企业的重要性大大增加了。一百年前即使在发达经济中，乡间生活也是占统治地位的，而这种生活的标志就是高度自给自足。农民家庭烧自己树林中的木头，从自己的作物中得到自己消费的大部分食物，而且还在冬季生产许多自己用的布。他们也种植经济作物，在这种范围内农户也是企业，但把当时与现在相比，农民更多的是从事有助于自给自足的活动。卖给别人和向别人购买现在主导着农村与城市生活，因此现代农户也更像一个企业。在这种转变发生的同时，农村活动的就业比例大大减少了，更加专业化的城市生活代替了农村生活。这两个显著的转变使企业在所有经济的活动中更加重要，特别在发达经济中更是这样。要认识到这一点，只需要把企业定义为一种为其他人进行专业化生产的制度。

可以在大规模生产的经济中找到这些重要变化的来源，大规模生产的结果使有效的产出率远远大于自给自足时所必需的。规模经济既是这种转变的结果，也是这种转变的原因。运输费用下降和人口增加扩大了市场，从而使专业化有更高的生产率。这种生产率的提高可能与交易费用的减少相关，但并没有必然性。在某种意义上说，市场越大，交易费用越低，这就提高了而不是减少了企业在经济中的重要性，企业的交易费用理论的含义正好与此相反。不应该把运输物品费用的减少混同于交易费用的减少。交易费用体现
14 在使买者与卖者获得信息的费用以及执行改变物品所有者名义的契约的费用。运输物品是不同的，运输物品的费用是一种普通的生

产费用，它是由一个企业在不同地方从事活动或者向购买者交货时产生的。企业的专业化理论可以轻而易举地把运输进步的作用与日益增长的相互依赖性结合在一起，从而也就可以与企业在经济中日益增长的重要性结合在一起。交易费用理论做不到这一点。

第二篇 企业组织的代理与非代理解释

在第一篇评论中，我把企业的内部组织与企业的存在作为不同的问题。这就引起了一个我们要全力解决的联系问题。跟踪近年来关于企业文献的读者都熟知一种企业的概念，这个概念把企业定义为主要依靠对生产力进行管理协调的一种组织类型。例如，在这些文献中不仅把交易费用的减少作为显然是企业组织某个方面纵向一体化的来源，而且还把这种减少作为企业替代市场的来源，这就十分接近于把管理协调作为企业的本质。与这种看法相一致的是从科斯著作中所得出的观念，即正的交易费用是企业存在的原因。在第一篇评论中，企业被定义为一种为别人生产物品的专业化制度；按照这种观点，如果某些努力受到由其他人控制的管理，企业就可能存在，但这种人与人之间的控制并不是必要条件，而且也不是企业的本质。一个人可以组成一个为其他人的使用生产物品的企业。

显而易见，一个人的企业也必然会遇到组织问题。企业应该有多大？企业的活动应该如何纵向一体化？在与供给者交往时这个企业的所有者-工人应该用什么来控制？所有者-工人应该如何制订计划并执行任务？在进行生产时总会涉及某种管理。即使企业只由一个人组成，并不涉及人与人之间的工人管理，也应该对这个人的活动以及他对资源的利用进行自我管理。

经济学中关于企业的文献更多的是研究多个人的企业，而不是一个人的企业，多个人的企业引起了众多的代理问题。这些文献的目的是解释多人企业所面临的某些组织问题，但可以说其中有许多内容也能扩大到单人企业所有者与同他有供给和其他劳务契约的人之间的关系上。但是，毫无疑问，组织问题产生于多人企业而不是单人企业，反之亦然。从本质上说，组织问题是达到有效地为其他人使用的生产问题。在某些情况下，依靠多人团队工作可以达到 16
效率，但在另一些情况下，单人企业更有效率。

为了能以一种清晰的方式说明这些组织问题而不用创造一个新名词，应该澄清的是，我论述的是多人企业，而且，并不一定适用于各种类型的企业，我用旧术语并希望读者能记住这一点。我论述团队生产，在我研究的范围内，团队可以适当地定义为在一个称为企业的制度实体内工作的人们的多人协作团体，但团队生产并不是所有企业的必然特征。除非把合作安排扩大到企业的正式界限以外，把与供给者之间的关系也包括在内，否则单人企业就不由团队组成。正如读者将会发现的，我并不认为这种想法是完全错误的。作为经济学家，我们的兴趣在于解释一些人为另一些人的生产（专业化）是如何组织的；如果企业和其供应者之间的契约安排和企业与其工人之间的契约安排有共同的特点，而且，如果这些特点是对某种同类型因素的反应，那么，为什么我们要把这两者区分开呢？

逃避责任、机会主义与代理问题

正如前一篇评论中所讨论的，新古典价格理论的完全竞争企业并没有提出内部组织问题，而且肯定没有提出代理问题。对价格和技术的完全了解以及正确地运用这种知识去实现利润最大化确保了这一点。尽管暗含了完全竞争企业的交易费用为零，但它们仍然是企业，它们是专业化生产单位。如果说完全信息排除了内部组织问题，那么，令人感兴趣的组织问题的存在就至少部分地取决于有代价的不完全信息。回顾关于组织问题的一些主要发展就可以说明不完全信息的重要性。

团队生产、协同与逃避责任

阿尔奇安和德姆塞茨（1972）没有沿用根据风险和交易费用对企业工资-管理制度的解释，而是强调了企业要使其组织适于解决
17 我们称为企业的团队成员之间利益冲突所引起的各种问题。[1] 有两个假设支持这种分析：（1）通过团队组织实现的合作往往比通过非人格化市场个人努力的关系实现的合作生产率更高；以及（2）团队组织涉及了团队成员对团队成功或失败的责任的衡量与分解问题。

① 马克思主义者也集中研究了工资-管理制度，把它作为一种经典解释的表述。尽管奈特关于工资-管理制度的解释与马克思主义者的解释不同，但他并没有在《风险、不确定性和利润》一书中公开批评马克思主义者的思想。由于奈特并不担心争论，也不怕他的批评为人所知，所以，看来情况是在他提出工资-管理制度的解释时，并没有考虑到马克思主义者。

第二个假设显然把不完全信息列入了组织问题中来，但不完全信息对企业理论的影响超出了这一点，还涉及第一个假设。关于这一点应该多讲几句，因为阿尔奇安和德姆塞茨很少关注团队生产中所包含的生产率提高的源泉。

在新古典理论中，一种投入品的边际产量价值只是一种可控制的变量，即投入品数量的函数。产品价格、技术和一种投入品发生作用的质量也影响生产率，但在假设完全信息时这些对企业来说是既定的。一种投入品的边际产量价值仅仅是其使用量的函数；决定投入品的使用时数量是唯一的参数，而企业内部又可以正确决定这个参数。价格和技术的完全信息否认了任何要求监督或专业化知识的管理。在这种企业模型中，很难使管理者的工资合理化，因为没有要所有者-管理者所完成的生产职能。[①] 实际上，早期马克思主义者关于企业的观点是认为企业产品的价值都是由劳动的努力创造的。引入不完全信息的结果就引起了所有者与管理者的生产性作用，这就要求这两者都具备与正式雇员不同的知识。

在一个不完全信息的世界上，产品价格、技术和所完成的工作质量都是无法确切地了解的。可能出现失误，其中包括由管理所引起的重大失误。像劳动这种投入品的边际产量价值不再仅仅是劳动数量的函数。它还是在决定生产什么产品、采用什么技术和如何

---

① 如果对完全信息假设作出不同的解释，也可以重新确立管理的任务。可以假设现在的价格与技术是已知的，但未来的价格和技术仍然是不明确的。这就说明了管理的生产作用，但又引起了区分现在与未来的难题。说现在的价格是已知的是指什么呢？现在的价格可以维持多长时间呢？如果现在的价格无法维持下去，我们所说的实际上不就是过去价格的信息了吗？过去的价格对未来的价格可能没有什么启示作用，也不能使管理决策合理化。

控制投入品运用方面的管理质量的函数。知识的专业化使雇员摆脱了决定这些事情的责任。而这些问题的决定影响着企业所用的任何一种投入品和所有投入品的边际产量价值，这种边际产量只决定于所乘的价格（或边际收益），以及投入品数量的边际变动所引起
18 的实物产量或劳务的增量。如果所作出的这些决策是错误的，投入品的数量和使用就不能实现利润最大化。生产的团队内容正是由于这些相互依赖性而产生的。这种错综复杂的相关性就使得要把一种投入品对产量价值的贡献分离出来，即使不是不可能的，也是十分困难的。除了所引起的这种衡量问题之外，与个人把自己作为一个生产单位活动时相比，这种复杂性还可以提高团队组织的生产率。这是对多人企业式组织可行性的一种解释。团队生产率的这种源泉既不能归功于奈特的风险重新分摊，也不能归功于科斯的交易费用。

在把团队生产中所用的某一种投入品的边际产量分离出来的复杂性引起了日益增长的困难，这使逃避责任问题比在其他方面更重要。逃避责任问题加剧的根源在于有代价的信息，以及团队的每个成员甚至不惜以牺牲团队的努力来实现自己效用最大化的倾向。有代价的信息是力图找出逃避责任（即衡量团队成员增加或减少了生产率贡献），并把费用加在逃避责任者身上（即根据生产率贡献的大小来给予个人报酬）的基础。由于逃避责任的收益往往集中在逃避责任者身上，而逃避责任的代价往往由整个团队分摊，所以，效用最大化就使团队成员按折中的团队效率的方式行事。

在某些可描述的情况下（但不是在所有情况下），管理-利润-工资制度削弱了逃避责任问题的严重性。在阿尔奇安和德姆塞茨看

来，确保效率报酬制度很好地发挥作用是解决"逃避责任"问题的关键，当存在有代价的信息时，逃避责任问题必然产生，而且当存在错综复杂的相互关系时，这个问题就更为严重了。

由于70年代以前标准教科书的论述既忽视了代理关系，又忽视了现代公司的分散所有权结构，所以，在这些教科书中企业被说成是由一个雇用其他人来进行工厂式体力劳动的人所拥有并管理的单位。如果把逃避责任问题引入这种情况，而且如果假定体力劳动对以观察为基础的监督是敏感的，那么，这类企业的效率激励组织制度就应该包括下列几部分：雇员的契约工资，由有权解雇与奖励雇员的所有者-管理者监督雇员的努力程度，最后，所有者-管理者的报酬仅仅来源于企业支付其契约规定的费用之后留下的剩余。这些组成部分是由控制工作中发生的逃避责任量的需要而产生的，这些制度在体力劳动层次借助于监督实现，在所有者-管理者层次借助于利润留成实现。较小的企业和依靠其雇员人力努力的企业会发现，利润分享安排会引起更好的结果，因为尽管这种安排会刺 19
激所有者更高水平地逃避责任，但可以提高对工人的激励。

一旦注意到在错综复杂又相互关联的团队成员中生产率分摊这个困难问题，就会使团队组织特别容易受逃避责任问题的影响。在有关机会主义的文献中采用了与此相反的观点：纵向一体化被作为企业对市场的替代，作为减少或消除机会主义问题的一种方法。这是很有趣的，因为逃避责任和机会主义都是利益不一致和想利用其他人的结果。可以认为，有许多共同点的活动也会有共同的解决方法，但这些方法之间的对比似乎否定了这种预见。

机会主义与资产专用性

在机会主义思想为人们熟知之前，对纵向一体化的解释不是根据企业固有的性质，而是根据价格歧视的强制性、持续的垄断，以及提高进入障碍的愿望。当然，这种解释的一个主要例外是科斯论述企业性质的文章。科斯根据纵向一体化来提出与市场相对应的企业问题，企业是应该生产还是购买投入品呢？威廉森（1975）和克莱因、克劳福德和阿尔奇安（1978）的著作根据资产专用性和回避机会主义提出了一种对纵向一体化的解释。由唯一的所有者控制资产股权被作为减少这些活动完成中机会主义行为范围与影响的有效方法。[①] 当对于实现低生产成本至关重要的资产价值主要受参与合作安排的特定个体或经济状况的影响时，机会主义的倾向就会加强。在这个范围内，纵向一体化的生产率在于它减少使合作各方避免机会主义行为所需要的资源的能力。因此，纵向一体化提高了经济上可以进行的有效合作的数量。在奈特的风险重新分摊，科斯的协调费用减少和阿尔奇安与德姆塞茨的团队生产协同之外，现在我们再增加复杂的企业组织生产率的第四个可能性来源——机会主义问题严重性的减弱。[②]

---

① 纵向一体化绝不是完整的，因此，使资产置于唯一的所有者股权控制之下就是唯一的趋势。实物资产更容易由唯一的股权所拥有，但是，人力资本在雇员回到家时仍然属于他自己。

② 读者还记得企业存在问题与其组织复杂性之间的区别。这篇文章尽管通过术语多次提出了第一个问题，但所论述的是第二个问题。企业之所以存在的简单原因就是专业化生产率更高。

上述生产率提高来源的观点是在讨论它与科斯的贡献的关系 20
中得出的。科斯所讨论的范例问题是，一个企业是自己生产一种投入品呢，还是从市场上独立的供给者那里去购买呢——要不要纵向一体化的问题。在科斯看来，可以通过比较交易费用与管理费用来得出答案。根据机会主义的解释，交易费用的减少也是企业生产率的一个来源，因为由一个股权所有者的纵向控制代替了市场的契约安排。此外，由于采用机会主义解释的学者特别重视它解释纵向一体化的能力，所以，他们认为，机会主义是通过市场协调纵向相关活动中（最？）困难的重要来源。当涉及重要的资产专用性时，纵向一体化大概可以在没有相应的管理费用增加的情况下减少交易费用。例如，威廉森认为，如果不存在机会主义，合作努力的效率就要依靠市场交换固有的“强有力刺激”；这就是说，如果没有机会主义，市场交换就是生产率更高的合作形式。

科斯在他那篇著名的文章中提到机会主义行为并不是一个问题，但从他以后的著作（1988）中显然可以看出，他并不认为机会主义对纵向一体化提供了一种**特别**的证明。在这里，科斯和那些认为机会主义是纵向一体化重要根源的人之间存在着分歧。科斯认为，协调问题种类很多，机会主义仅仅是其中之一，而且，所有这些问题都可以通过管理协调或市场契约安排来解决。说明哪一种制度安排最好要求判断交易费用与管理费用之间的交替，甚至在机会主义的情况下也是如此。那些认为机会主义是解释纵向一体化程度的一个重要内容的人在原则上并不一致，但是，他们肯定会认为，而且已经认为，通过纵向一体化来解决机会主义一般来说比通过制度安排来解决更好。他们的判断主要根据了理论化的要求，以及描述机会主义与纵向一体化之间联系的显著事例的能力。我很少怀疑机会主义对经济组织的影响，或者在许多情况下对纵向一体化的刺激。但是，在我看来对这种解释的迷恋会变成逻辑上的例证，或用于支持这种解释的证据。如果对纵向一体化的主要解释在于它减少机会主义的能力，那么，在资源合作所有者之间的交往这种没有机会主义的经济中，纵向一体化就不那么重要了。现在就来考察以这种主张为基础的一种思想试验。假设每一个人都忠诚地行事，
21 而且对协议与别人有同样的理解。再假设不会发生什么不可预期的事情。这就不存在机会主义的基础；应该根本不存在机会主义。但纵向一体化仍应该是很多的。这只是由于一个事实：任何一项生产活动都可以分开，而且可以不断分开，这样，所有活动的进行实际上是，而且应该总是在很大程度上纵向一体化的。不存在类似于不可分的亚原子粒子的单个产品、单个生产过程和单个人的活动。因此，机会主义不能解释所有的，甚至大部分的纵向一体化。需要提出其他解释。

我们知道其他几种解释。价格控制、持续的垄断以及交易费用（即使没有机会主义）是三种，但即使在考虑到这些解释以后，仍然有许多无法解释的纵向一体化。在我看来，另外两种解释是许多无法解释的纵向一体化的根源。简单来说，这就是**经营连续性的经济效益和经济活动的管理控制所引起的信息优势**。这里先分析第一点，然后再分析第二点。

可以由几个不同的人给一所房子刷漆或给一辆汽车喷漆，每一个人接着做前一个人做完的活。用这种方法上漆时会反复出现开始与停止的动作，这就提出了在什么地方或时间开始的问题，即前

一个人在什么地方或什么时候结束他在总工作中的那一部分。当有一个人没有被允许进行工作时，就会增加费用或降低质量。这就是从事油漆一所房子的几个油漆工各自从事并不太要求完成工作的连续性中的一部分工作的原因。一个油漆工刷壁板，另一个刷门窗；一个人刷前面和一边，另一个人刷后面与另一边。在许多团队工作的情况下，避免个人变动是有效率的，这并不仅仅因为交易费用或机会主义行为，而是因为任务的完成是协调的。

可以把这一点运用到一个人在一项“工作”的时间长短上，在这里工作是一系列不仅在体力上而且在脑力上也关联的操作。同样的理由很好地解释了纵向一体化。不能把装配线分为不同的两部分，在中断的过程中把第一部分的产品交给第二部分。交易费用和机会主义与整个装配操作的连续性要求没有什么关系。如果中断了操作的连续性，把装配线上第一部分的产品与第二部分连接起来就要花费时间与精力，这是显而易见的。有时由于某种节约而进行这种中断是合理的（例如把装配线分开以适应于中间的质量检查或空间分布问题），但这种中断的费用可能是高的，而且在这样做时，纵向一体化也是一种较好的组织形式。在更充分地发挥各种纵 22
向一体化理论时，我认为，将会在纵向一体化以一种与机会主义和交易费用无关而又能保持操作连续性的方式来减少费用的能力中找到重要的根源。要设想一个根本不存在操作连续性的经济效益的世界是困难的。这种困难与设想完全不存在纵向一体化时相应的困难是一致的。

在许多情况下，机会主义可能是对纵向一体化的一种适当而重要的解释，但是，更可能的是在有契约安排的情况下，这种解释没有成功地解决潜在的冲突。因此，法庭的案例并不是纵向关系的一个随机样本。来源于法庭案例的分歧通常意味着所谓机会主义的成分。因此，从法庭案例中得到的证据样本，诸如广为讨论的GM-Fisher案例（克莱因、克劳福德和阿尔奇安，1978），扩大了机会主义对纵向一体化的重要性。纵向一体化的随机样本往往更支持其他解释。科斯的观点（1988）是通常用契约安排来解决机会主义问题与制度化的纵向一体化不同，这种观点在组织安排的随机选择中更能得到支持。在法庭上不大可能出现用于解决潜在机会主义的契约。

公正地收集证据应该包括有关组织安排的大量统计研究。虽然这种研究的数量日益增加，但还没有提供出在某一方面令人信服的证据。在早期的经验研究中，保罗·乔斯科（1987）认真研究了东部煤矿和电厂的子部门中区位属性对纵向关系的影响。他发现了当煤矿和电厂的位置是相互接近的区位属性时，煤的供给者和煤的使用者之间存在着更为持久的关系。但是，就科斯的观点而言，这些关系并不仅仅是表现在纵向一体化中。它们也表现在长期契约中。还有一些证据说明，复杂的专业化组成部分更可能在家庭中进行生产（马斯腾，1984）。可以把这一点解释为对资产专用性-机会主义和纵向一体化之间联系的支持。确保这些部件进入市场就会使买者与卖者暴露出机会主义，因为一旦资产被用于生产这种专业化部件，它们就很难被替代。这可以解释这类部件的家庭内生产，但像亚当·斯密那样的见解也可以解释这种现象，即专业化受到市场规模的限制。如果专业化部件市场小的话，可能是转向下个环节的费用太高，也可能是建立新企业的费用太高（除了机会主义的原因以外)。[①]

不完全信息当然意味着要设计出减少机会主义问题的契约是困难的,而这反过来又可以评价包括纵向一体化在内的有促进作用的解决办法。但是,当未来不确定时,纵向一体化企业也会给合作各方带来危险。对未来的预测越困难,在合作安排的设计中加入工作的灵活性就越重要。这就反驳了对企业这类组织的依赖,因为在应对不可预期的偶然事件时,对市场的依赖往往能提供更大的灵活性。在用管理协调替代契约协调方面,不完全预期对组织的含义并不十分明显。局部针对专业资产交易过程中不完全信息影响和机会主义的刺激要求纵向一体化,但反映在灵活性运用上的整体影响并不是这样。工商企业组织还不能明显地观察到不完全预期的结果,但是,企业对不可预期的条件变化反应的不灵活性使不完全信息可能成为纵向"分解"的来源。断言企业反应的不灵活性要求逻辑上的论证,这一点的正确性在经验上是显而易见的。在这篇评论的后一部分将提出这种论证的内容,但在离开代理问题之前,我们先考察一个用于分析我们所讨论的代理费用问题的框架。 23

代理费用

詹森和麦克林(1976)把代理费用作为委托人所引起的监督支出、代理人所引起的约束支出和由委托人承担并用于代理问题的失

① 对有关纵向一体化证据的更一般化批评可以在德姆塞茨的文章(1988)中找到。在用企业资产结构中耐用资产的相对重要性作为其资产的专用性的指数时,我发现这种指数与纵向一体化程度之间并没有相关性。其他一两种研究也说明了纵向一体化与资产专用性指数之间的关系。

去的剩余的价值（他们所指的是委托人福利减少的货币当量）的总和。可以看到根据代理费用的某些范畴名称所进行的分类，这就是监督费用、约束费用等。但是，这些分类并不是为分析影响代理费用数量行为提供的指导。需要一种可以把理性调整结合到行为问题现象中的分析框架。新古典的思想工具有助于提供这种框架。

应该考虑到的一个重要调整是人们在加入受代理问题限制的合作活动之前提出的报酬或价格。一部分人参加了一个前途看好的协定，一旦参与了这种协定就要求高度专业化的投资，并向这部
24 分人显示出由于未来与一个垄断者交往而引起的“损失”，给这些人的适当建议是坚持要求高得足以大过这种危险的价格。可以把这种预期因素的重要性扩大到各种理性行为问题上，其中包括与资产专用性无关的问题。可以很快给出一种观察预期因素的简单方法，当然也许这种方法太简单了。在讨论这个问题之前，我们应该区分两种类型的工作中消费：一种是通过公开的协议安排的，另一种是没有通过公开的协议安排的。

可以把公开协议的工作中消费理解为首先假定对行为的监督是完全的。可以区分完全监督的两种情况。第一种情况涉及自我监督。如果所涉及的是一个企业的唯一所有者的行为，那么，这种情况就与企业理论相关。一个所有者可以经常休假，可以只把很少时间用于自己的企业，也可以用企业来满足自己对特权和权威的需要，而不是谋取利润。在这些情况和其他许多可以列举出来的情况下，所有者是进行工作中的消费，而不是逃避责任。他只是用效用最大化来替代利润最大化，这种替代的收益与费用完全由他承担，而且仅仅由他承担。因此，我们可以把这种情况作为一种通过自己

的脑力计算而进行的公开协议。理性的所有者是不会欺骗自己的。

但是，认为在一个人之中也会涉及代理问题并不完全是天真的想法，时间不一致性问题引起了包括自我的代理问题的可能性。一个所有者难于处于某种理性计算的计划过程之中，这种困难的产生是因为他把自己的行为运用于未来时贴现因素的变动。这就至少引起了所说的类似代理问题的某种因素。可以认为现时的所有者与未来时的所有者是不同的；这样，“同”一个人就可以既是委托人，又是代理人。如果一个人可以在没有费用的情况下限制自己的未来行为，那么，他将这样做；而且，这就解决了他的代理问题。与这种可能性相一致，我们可以把监督费用定义为包括了解或确认行为的费用，以及核查或规范行为的费用。在这种定义为既定的情况下，如果监督费用为零，那么，就不会有构成逃避责任或机会主义的行为。

第二种零监督费用的情况涉及企业的一个所有者与他所雇用的人的交往，尤其是与专业管理者之间的来往。在完全监督的制度下，管理者无法逃避责任，但他们可以进行工作中的消费。对这种消费的全部要求是在工作中进行这种消费比在其他地方进行（在雇员家中）更有效率。专业管理者从作为一个大企业领导或从控制更 25
多公司部门中得到的效用似乎大于为自己的企业服务，但他们发现在企业的制度框架之外消费这些物品是非常困难的，这样他们将与企业所有者谈判，要求允许他们在工作中消费。当然，企业所有者坚持用于为管理者购买这种工作中消费的收益至少要相当于从减少管理者领取的薪水这类其他报酬中得到的收益。这种类型工作中的消费并不是逃避责任；它只是一种有效率的报酬形式。实际上，如果企业所有者不允许进行这种工作中的消费，那么，为了得到相同质量的管理者努力，就必须支付较高的总报酬。根据假设，由于这种工作中的消费给管理者们带来的效用大于在家庭中的消费，所以，要维持管理者既定的消费效用水平就要求工资的增加大于由雇主承担的工作中消费的费用。允许进行这种类型的工作中消费实际上降低了企业的生产费用。

这种做法的经验性结论是，工作中消费不是相关问题严重性的可靠衡量标准。所有者可以把企业作为玩物，专业管理者可以把企业作为合意的额外收入的来源。所有者和管理者也可以把企业作为一种好玩的东西。这些情况并不一定表明了相关行为问题的存在。

现在我们可以更认真地来评价代理费用。在图 2-1 中，D 和 S 代表对管理者劳务的需求与供给。根据假设，监督是无费用的和完全的。均衡的管理者的劳务报酬是 b，均衡的管理者的劳务量是 L。报酬用企业所有者多得到一单位管理者劳务的费用来衡量。管理者劳务的交换产生了一种从交换中得到的管理者与所有者共同的收益，即图上的三角形 abc。每单位管理者劳务的价格可以用现金支付，用公开协议性工作中消费支付，也可以是这两者的某种结合。现在，我们通过假定监督是不完全的来改变这种情况。企业所有者引起了监督管理者的费用，但这种支出并没有完全消除非协议性的工作中消费。假设每单位管理者劳务的监督费用是不变的，而且所有者承担的非协议性工作中消费的货币费用也是不变的，每单位管理者劳务的这两种费用之和是所有者对管理者劳务的需求从 D 移动到 D′ 时的量。

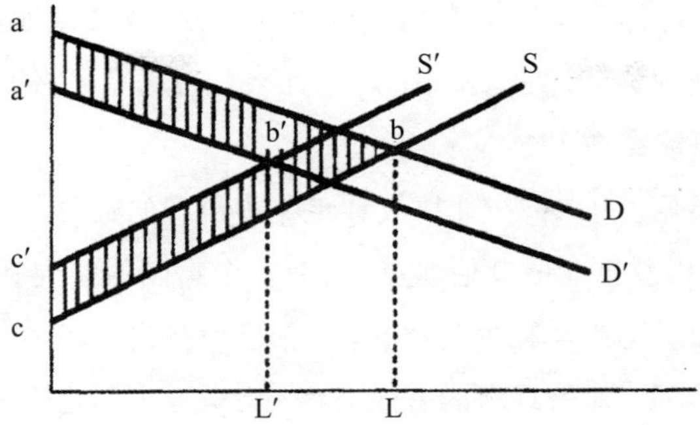

图 2-1

但是，所有者为这种工作中消费所支付的一美元的收益小于给予管理者的一美元的效用，因为它是小于现金的替代物。因此，企业的管理者劳务供给应该向左方移动，即从 S 移动到 S′。这时管理者所得到的部分报酬就是非协议性的工作中消费。新的均衡报酬 26
（现金加物品形式的现金）是 b′，而管理者劳务的新均衡量是 L′。①

代理费用是三角形 abc 与 a′b′c′ 之间的差额，即图中的阴影部分。这就衡量了没有任何代理问题时与有代理问题时从交换中所得到的收益之间的差额。代理问题使所用的管理者劳务量从 L 减少为 L′。这种减少的来源是监督费用，是产生非协议性工作中消费的费用，也是报酬的替代物减少的费用，但这些并不是这种减少的衡量。代理费用的衡量是图 2-1 所表示的交换中收益的减少。从

① 我假定只有协议性工作中消费是有效率的，并不要求对这种替代物的损失进行扣除，因为管理者在工作中消费这种替代物得到的效用大于在家庭中的消费。再假设，只要可以作出安排，管理者就宁愿把钱用于非协议性的工作中消费，用于家庭的支出或储蓄，而不是用于某种工作中的消费上。对管理者来说，这种工作中消费的价值低于企业所有者的货币成本。

原则上说，这种费用可以大到足以使管理者（或其他雇员）劳务的均衡数量减少为零，在这种情况下，如果代理关系是必要的，那么，企业就不可能存在了。

显而易见，力求减少非协议性工作中消费的数量是所有者和专业管理者（以及企业的其他雇员）作为一个集团的共同利益所在。[①]
27 如果其他雇员不参与减少这种消费，个别雇员也就不关心减少这种消费的标准了。对管理者的有效监督，为保证个别管理者这种工作中消费的减少由整个管理者团队承担提供了一种方法。在监督技术既定时，如果监督引起的非协议性工作中消费的费用减少与增加监督支出至少同样多，雇主将增加监督支出。这时，净结果就是对管理者劳务的需求从 D 向下移动为 D'；在这个限度内，由于监督对小写字母表示的监督支出是完全有效的，所以，D 就完全不再移动了。由此引起一揽子报酬中替代物的增加，S 和 S' 之间的差额缩小。净效应是使均衡点 b' 更接近于 b。由于这些曲线共同移动，有效的监督量使 $a'b'c'$ 尽可能达到最大。

用效率工资来增加交换收益也可能是这种情况。如果支付津贴，管理者就更愿意避免被迫离开企业的职位。通过减少非协议性工作中的消费量，个别管理者就减少了非自愿离去的可能性。使用工资津贴在监督中具有用货币转移支付来替代用于监督的实际资源支出的优点。但是，没有某些起码的监督，效率工资也不能达到其目的。如果不担心雇员非自愿地离开企业，报酬津贴对改变管理者行为就没有作用，而且，如果没有监督，就不担心雇员非自愿离开

① “作为一个集团”这个限制条件是必要的，因为某些雇员在逃避责任的“艺术”方面可能有比较优势。

企业。因此，对管理者行为应该有某种程度的监督，但是通过引入效率工资津贴来减少用于监督的支出量是可能的。如果这种替代是有效率的，管理者就会关心这种替代的实现，因为管理者对现金报酬的偏好大于用于监督和某种享受的货币(不考虑税收问题)。假定企业所有者在增加监督费用与支付工资津贴之间是无差异的，那么，管理者就可以通过要求或提出不是很多的工资津贴来实现这一点。

我们已经提到了，在假设的完全的、零费用的监督情况下，既不需要工资津贴，也不需要用于监督的资源，非协议性工作中消费也不会发生。仍然有提高效率的协议性工作中消费，因为工作中消费比所进行的某些消费更为优越，而且，不能认为这种消费是逃避责任或代理费用。协议性工作中消费引起现金工资减少，作为回报是非现金工资增加。但是，这种协议性消费也暗含在图 2-1 所表示的“非协议性”工作中消费的情况之中。这就是说，工资和就业要受“非协议性”工作中消费的影响，这就与进行协议性工作中消费的情况一样。协议性工作中消费与非协议性工作中消费有什么不同呢？在这两种情况下，管理者(以及其他雇员)都要通过报酬的 28
调整来为所消费的东西进行支付。区分这两种情况的唯一原因是，在只有不完全信息时，一揽子报酬并不能理想地适合于**个别**雇员的消费。企业所有者也不易于决定谁在工作总消费中占了多少。结果，与所有者签约的各方将倾向于获得一种对于享受进行了调整的一揽子报酬，但这些调整倾向于使一个可确定的相关集团的所有雇员平等化。由管理者这样的雇员阶级在工作中消费的享受的平均量往往就是调整的因素。这种调整中缺乏精确性就为个人力图比这个平均量消费得到更多留下了余地，也提供了刺激，而这就使工作中消费总量的增加超过了监督费用为零时的情况。在零监督费用时，没有一个人按损人利己的前提行事。在正的监督费用时，就有出现损人利己的可能性。一般来说，管理者（以及其他雇员）和企业所有者都可以从任何能减少监督费用，从而减少工作中消费的非协议部分的技术或组织中得到好处。

看来由损人利己的可能性所激发的行为是逃避责任、代理费用或机会主义这些类型的综合。只要人们认为不值得用这种方法获得利益，那么，不仅监督费用为零时不会有这种行为，而且即使监督费用为正时也不会有这种行为。在这里，道德信仰是至关重要的。但是，在经济学中。我们对于什么时候把道德信仰引入分析中一定要谨慎。经济分析既没有作出也不需要一种与动机相关的道德前提。经济分析仅仅依靠合理的最大化假设。

如果把监督无费用或完全信息作为正常情况，那么，图 2–1 中代理费用的衡量就是普遍存在的情况，而且，这就表明，在某种意义上说，只要有可能就要避免代理费用。这与只要有可能就要避免原材料费用、资本费用和劳动费用的观念完全没有什么不同！使这些费用值得承担的原因是，在达到其他合意的目的时，要同时避免这些费用是不可能的。原材料费用值得承担是因为在这些原材料有可供选择的有价值的用途时，把这些原材料变为物品是合意的。可以用同样的方法解释代理费用。即使部分购买价格是非协议性工作中消费，代理人也提供了值得购买的劳务，还应该指出的是，完成合意目标的企业组织可能使监督代理人的费用更高。我们可以根据企业的所有权结构来考察这个问题。

在所有权结构非常分散的企业中监督费用较高。如果在选择

企业组织时，代理费用是唯一需要考虑的，那么，所有的企业都将 29
由一个人所有并管理。这个人也是该企业唯一的雇员。这样，代理费用就会保持最低。如果没有以前提到的时间不一致问题，代理费用将为零！毫无疑问，许多单人所有制企业正是以这种方式或与此接近的方式在运行着。但是，对大多数企业来说，这不可能是最优的组织。专业化和大规模生产率可以更高，但这往往就要求使用代理人。组成企业时潜在的股本提供者需要决定他们一致同意的所有权结构（或者决定某种将会影响所有权结构的等级控制结构）。任命管理人员的正确数量是合意的，就因为专业管理者的专业知识和全日制参与是生产性的。为了使管理成为生产性的，管理者就需要有作出各种经营决策的权力。这些权力的运用必定给任命管理者的企业带来一种管理上的强制（entrenchment），这种情况同样适用于小企业和大企业。

对于大企业来说，任命的管理者的合理数量往往还是较多的，因为所有者更希望分散的所有权结构，股本投资者知道企业特殊风险的费用，这种费用与他们投入一个企业的财产份额相关。在专业管理者的控制程度既定的情况下，企业越大，一个投资者需要持有的财产份额就越大。理性的投资者为了减少他们承担的企业特殊风险，愿意使自己在大企业中拥有的份额小于小企业中的份额，这就使所有权更加分散。在选择了较为分散的所有权结构时，所有者就选择了增加他们所承担的代理费用。但是，这就减少了企业资本的风险加权费用，因此，企业经营的总费用并不一定会由于代理费用的增加而增加。只要代理费用可以大大减少他们的资本风险加权费用，理性投资者就会选择增加他们承担的代理费用。因此，选择较为分散的所有权结构并不意味着选择了效率较低的组织形式，或费用更高的生产方法。

根据同样的思路，我们可以得出这样的结论：有远见的管理者-企业家团队在企图用别人的资本来创立企业时将使自己的选择受正确的有效监督量的限制。资本市场提供了刺激，因为并不能认为有远见的投资者受到了强有力的管理者的欺诈。

无论采用哪一种观点——有远见的股东的观点，还是假设的完全有力的潜在管理者集团的观点——我们都可以得出这样的结论：所要实现的管理强制程度大于零，但小于完全强制的情形。而由此不能得出这样的结论：所选择的代理问题的重要程度不受哪个集团
30 做出选择的影响。交易与信息费用是正的，这些因素与搭便车问题的相对严重性一起就会导致不同的选择，但是，如果可以不考虑资本的供求，所选择的重要程度之间的差别可能要大大小于一般所认为的。使所有权结构十分分散，或者由于其他原因把很大一部分控制权交给职业管理者所引起的发展，都会增加企业的资本费用。但是，同样正确的是，所有权结构十分集中和很少依靠专业管理者也会增加资本的风险调整费用。适当的所有权结构分散程度，以及所包含的适当的代理问题的重要程度是新古典理论提出的最大化行为的函数，而且，即使问题的根源在于信息的不完全性，运用新古典理论的工具箱也有助于我们弄清这个问题的含义。

企业组织的非代理解释

虽然在企业组织的代理解释中包含了交易费用，但交易费用并

不一定是这种解释的关键因素。例如，即使寻求费用、谈判费用以及形成契约安排的费用为零，也会出现逃避责任问题。引起逃避责任问题的是监督这些安排的费用为正，以及各方之间的利益缺乏一致性。但是，监督费用与管理费用和市场交易费用一样。除了确保工人努力工作之外，对供给者状况的监督也是重要的。这是科斯的交易费用与管理费用交替的经验性工具的一个一般性问题。用于衡量或规范其他人努力的一种投入品费用增加可以对管理和交易费用产生影响，而且是同方向的影响。但是，如果我们假定我们知道什么时候这两种费用的相对量发生变动，例如，如果我们知道政府对企业间的交易征收税收，那么，我们就可以研究这种情况对企业组织的意义，这种研究与是否存在代理问题无关。

交易费用理论给企业组织提供了一种非代理解释。交易费用的减少引起企业数量和不同管理者团队数量的增加。典型的企业变得更小、更专业化。这两种变化至少由于使管理集团变小和减少了它对正式组织规则的依赖而影响了企业组织。其他的组织变化可能来自交易费用的减少，但一些文献并没有超出组织的纵向一体化（或纵向分解）的内容。对市场价格变化反应的影响和速度在小的专业化企业和在大的非专业化的企业中有很大的差别。小规 31
模的、专业化的活动使这类企业更容易判断价格变化的结果以及技术变化的可能性，这就更容易作出较为迅速而且更具有决定性的反应。一个企业内所采用的激励制度也往往反映了它的规模和专业化程度，尤其是对固定工资、利润分享或业绩报酬的相对重视程度。还需要更多地注意文献中交易费用与管理费用交替变动更广泛的含义。尽管纵向一体化是企业组织的重要内容，但对这一问题的关注还是太多了。

现在我们结束对交易费用结论的这些思考，考察组织的其他三个内容。这些内容是与投入品所有者之间合伙程度相关的三个问题：(1)持续时间，(2)对监督的依赖，以及(3)一个中心签约人的设计与监督。合伙越持久，越直接，安排越集中，合伙程度就越高，文献中提到“企业”时的那种复杂组织的特征越突出。

合伙的持久性与直接性

更多地依靠合伙的持久性与直接性会使专业生产者有什么优势？为了回答这个问题，我们应该先了解一般认为正确的观点，即专业生产者在长时期内生产同样的物品，无疑存在某些例外。通用汽车公司为了得到其大部分收益，并不是在一天或一年内生产汽车、卡车和火车头，在下一年转而生产食物。获得订单的基本稳定性是产品产量这种不变性的结果，这使得团队成员之间合伙的持久性和直接性可以达到其他情况下不可能达到的经济效益。这种经济效益的主要来源是投资于至少在某种程度上专门从事某种指定工作的耐用设备以及投资于专业知识。由于文献中广泛讨论了耐用的专用性设备，所以，在这里我强调的是专业知识的作用。

某些人指挥另一些人活动的技术，通过减少获得费用和推广到组织中使用的费用而更有效地运用了知识。借助于指挥别人行为的能力，只需要少数人拥有企业未来所依靠的专业知识。这就减少
32 了获得知识的费用，因为一个人已经拥有的关于某些事实和理论的知识越多，他增加知识的费用就越低；这就存在着获得专业知识的规模经济。依靠一些人对另一些人的指挥就可以把这种知识用于

指导一些活动，而不要求实际从事这些活动的人也掌握这种知识。团队任务的稳定性和团队成员合伙的持续性更加有利于专业知识的运用。这些人了解团队成员在从事经常性工作时的能力与局限。

如果以知识为基础的团队生产率提高是完全可行的，那么，这对在一个组织内可以进行的活动范围就是有意义的。不同生产线数量的增加或纵向一体化程度的提高迫使组织满足于它经营所依靠的不够充分有利的专业知识，并要求有一个企业的中央控制中心来处理各种不同类型的知识。活动范围越广泛，专业知识的缺乏就越严重。超过已达到的停止点，获得与处理大量不同类型知识的负担就非常沉重，以致企业不再能保持竞争的活力，因此，存在着超出任务操作的专业化的生产率提高和包括了信息获得与利用的经济效益。合伙持久性与直接性的信息监管结果有点像家庭式合作的生产率最终所依靠的协同，阿尔奇安和德姆塞茨所信赖的这些生产率提高的源泉证明了他们的假设的合理性，即团队合作可以达到其他情况所无法达到的经济效益。

一个人的企业可以利用某些这种优势，但利用程度要低得多。这种企业中的一个人首先掌握了专业化贸易，从而减少了获得知识的费用。他还通过与自己的长期合伙了解自己的习惯、力量与弱点，从而也就熟悉自己的能力。但是，他不能像一个工人团队的成员那样使自己的知识专业化，他也不能依靠其他人来完成自己并不熟悉的工作。多人组织可以比单人企业更好地利用这些优势，但这以更多的联系与代理费用为代价。

如前所述，由合作的投入品完成的任务的易变性是很可能影响最优直接性与持久性程度的生产性内容。任务变动越大，合伙的持久性的生产率越低。这是因为不同的任务往往要求不同的投入品；就人的劳务而言，不同的任务要求具有不同专业知识和才能的人。在较短时间内组建新团队的有利性随着工作时期内的变动
33 性而增加。根据这种推理，在由于某种原因往往要经历相当大任务变动（即往往是需求变动更大）的合作安排中，合伙持续的时间就短。

指挥带来的生产率要求对这些指挥的实施有信心，这种信心本身是组织的函数。在这方面，组织之间的主要差别在于日益增长的可信赖性的收益与成本。由于一个组织的各部门日益互相依赖的生产率，对其来说，可信赖性变得更加重要了。至少在战争期间军事组织是相互依赖性重要的一个显著例子。当一个军官命令一队士兵去占领一个防御牢固的小山时，很可能出现的情况是各队都相当沉默，不占领这座小山会给还在进行的较大军事战役带来严重的问题。这种相互依赖性所要求的纪律比那些产生的影响不那么重要的组织要严格得多。在培训期间训练有素的队伍和可以对拒绝服从命令的士兵进行重罚保证了可信赖性。在军事活动中可能出现的极端情况下，进行重罚的可能性可以全面提高组织的生产率。[①]

工商企业并不需要这样高水平的可信赖性，因为尽管的确存在一般情况的例外，但没有听从命令所引起的结果不会十分严重，或者不会严重地损害组织其他部门的生产率。与军队相比，组织对没

① 应该根据组织的目标狭义地解释生产函数，可以认为有些目标好而有些目标不好；因此，“生产性”并不一定会带有有关组织产量的信息。

有执行任务所进行的惩罚主要是解雇。（那些被要求占领小山的部队战士是欢迎解雇的；因此，不同的惩罚手段是必要的。军事法庭、监禁，甚至就地判处死刑都被用于确保服从。）

企业作为中心签约人

X与Y签订契约，Y又用部分工作与Z签订契约。这两份契约中的每一份都可以引起签约各方之间合伙的持久性和直接性。但是，这种合作安排不如一个企业，在企业中X与Y和Z多方签约。这第二种安排涉及我们将之与企业型组织联系起来的签约中 34
心。可以提出两种不同的原因来解释通过用一个中心签约人而实现的生产率提高。签约中心是把完成不同任务之间的相互依赖性内在化；从这些任务完成者那里得到的信息进入一个决策中心，在这里可以没有严重混乱、冲突或机会主义地作出比较、判断和调整；而当几个签约人都想得到同样的任务时就存在混乱、冲突或机会主义。另一个原因是依靠签约中心可以使集中利润与亏损激励变得简单易行，从而减少对中心签约人在实施监督任务中逃避责任的诱惑。

企业越大越复杂，控制其各部分中相互依赖性的问题也就越严重，这种严重性可能会非常大，以致合同集权化的优势因一个人或少数人无力妥善处理整个组织的重要事务而黯然失色。在这时，制度安排往往不是企业式的，而是更加分散；多个有自己签约中心的企业替代了少数企业。企业生产中所涉及的任务的相互依赖性越大，考虑这些相互依赖性所需要的知识越专业化，集中签约也就越重要。但是，正是这些条件确定了有效组织规模的限度。集中签约越是迅速地接近负担过重的状况，有效地应付任务的相互依赖性所应掌握的各种知识的范围就越大。这样，知识专业化的经济效益又会在影响企业组织的范围中发挥作用。这里涉及知识获得与运用的广泛考虑，这些都大大超过了交易费用或机会主义观点所认为的合理范围，尽管机会主义观点肯定会通过一个中心签约代理人而加强或削弱生产率的提高。[①]

35 剥削问题

在新古典理论中，没有一个人（除垄断者以外）剥削任何一个人。竞争的市场以一种非人格化的方式决定价格，而且，每一个人都会以效用最大化的方式对这些价格作出反应，没有行使强权或权威。竞争与完全信息导致了以市场为基础的制度的这种特征。管理理论型企业理论的出现依靠有代价、不完全的信息，这就引起了

① 奥立弗·哈特（1989）注意到了资产专用性在影响中心签约代理人身份中的作用。合作安排中高度专用性资产的所有者处于被合作代理人机会主义地利用的最危险状态。这种所有者对中心签约人的评价高于其他人，但是，这里显然忽略了一个重要问题。一种资产可能是高度专用性的，但在合作安排中并不是价值极高的那部分资产。一种特殊设计的扳手只适用从事这种特殊合作安排中的任务，它的所有者很难凭借这种所有权成为中心签约代理者。他更愿意把扳手卖给那些由于其他原因更适合成为中心签约代理者的人。一种资产的所有权并不是事前决定的，所有权将落入那些有专业知识的人手中，这种专业知识是在确定合作努力的一般目标和监督各种投入品所有者完成自己任务的程度时做好一件工作所必需的。这说明了，中心签约代理人理论必须包括改变专用性资产所有者身份的费用与获得合意的专业知识费用之间的比较。

威廉森（1970，1971）以知识为基础解释了企业所依靠的管理等级制的不同结构的优势，他强调的是当信息在最上层逐渐向下层之间传递时会减少信息质量的下降。他认为，M 型等级制结构，即中心机构在企业各主要分部之间配置资源的结构。在使信息更准确方面是有利的。这与企业组织相关，但与利用专业知识的愿望并不是同一件事。

资源供给者与需求者之间自觉的相互影响。战术、战略、诡计和机会主义成为一种可行的行为特征，而相反的特征是忠诚、公开、信任和荣誉。这就在学术上为马克思主义的剥削概念提供了新的存在空间，而且仅有的这种空间很少没有被占领的。旧的剥削思想已经穿上了新外衣，已经出现了对这种学术前沿问题的重大争论，这些争论围绕着几个中心点。

第一点是瓦尔拉斯-阿罗-德布勒的经济制度均衡模型是非常无用的，尽管在某些特殊条件下，这些模型证明了资本主义式经济制度所产生的效率结果，这些证明被倾向于马克思主义的经济学家解释为批判资本主义的拦路石。不完全信息对企业理论的适用性被作为以代理问题为工具来打破这些拦路石的一种方法。许多经济学家，其中包括对资本主义持有与新马克思主义者完全不同观点的经济学家，都怀疑瓦尔拉斯-阿罗-德布勒均衡的有用性。可以把这种争论撇开，这不仅是由于这个原因，而且还由于它对企业理论缺乏适用性。

第二点是在一个包含了诡计和机会主义的不完全信息世界中，利己的人们之间实际的相互影响。这就引起了在新古典信息框架内不可能存在的**相关**行为问题。正如鲍尔斯和金蒂斯提出的，“构成新古典理论基础的利己行为被人为地肢解了：它描述了一个迷人的维多利亚式的，但也是乌托邦式的世界。在这个世界中充满了冲突，但该握手照样握手”。[①] 这是对新古典经济学的误解，而且不仅 36

① 关于鲍尔斯与金蒂斯之间的思想交流可以参看《经济学展望杂志》（鲍尔斯和金蒂斯，1993），他们代表了新马克思主义者的观点，这种观点认为权力的作用被新企业理论复活了，而威廉森代表了企业的交易费用观点。施蒂格利茨大概是以编辑的特

是新马克思主义者有这种误解。正如在第一篇评论中所讨论的，新古典理论的兴趣主要不是探讨个人的相互关系和这些关系所产生的行为，而是研究（价格）制度，这种制度使这类相互关系无用，从而也就不重要了。新古典理论关心的是对资源的管理控制，但并没有把它作为完全竞争模型的中心。新古典价格制度的观点被删节了，这并不是因为它采用了人类行为的一种朴素观点，而是因为它为了更方便地研究价格协调而假定了完全信息。在完全信息的世界中，统计和机会主义不会产生利润，而且没有作为一种可行做法的坚实基础，指出这一点并不是否认诡计和机会主义在不完全信息市场交换中的作用。在市场交换以及一个企业内与一个国家内有意识的资源管理中，它无疑仍在发生作用。在所有社会组织形式，其中包括新马克思主义者的新宠——雇员所有的企业中，都可以发现欺骗行为（而且并不违背以市场为基础的制度原则）。现代大学在其内部事务中尽管还不是完全的雇员所有，但在相当大程度上也是雇员控制的。[①] 然而，正如所有读过大学的人都知道的，在学术界欺诈行为并不陌生。

如果握手不是握手，那么，不诚实的握手就不是无代价的。骗

权参加了讨论；他告诉鲍尔斯和金蒂斯，他们的批评并没有走得很远，但不能称为经济理论的重大修正，因为鲍尔斯和金蒂斯所提出的观点在文献中已经提到了！在我看来，威廉森的答辩仅限于主要论点；这就是交易费用经济学至少提供了可信的观点，即有些观点仍然是从新马克思主义的“权力”的角度提出的。使各种理论（有充分正确性的）可以进行有意义的比较的正是这些可信的观点，但这就放弃了鲍尔斯和金蒂斯抨击那些未遇到挑战的观点时提出问题的逻辑。

① 这特别是私立大学存在的情况，这些学校对学生、捐助者、理事会负责，但管理主要由全体教员控制。州立大学对类似的单位负责，但也要对提供大量资金的州议会负责。要邀请议会或至少部分议员参与“他们”大学的管理。

人的人和被骗的人都要付出代价，代价就是信誉资本和未来获利业务的减少。但是，所引起的代价还不止这些。即使欺骗没有被揭穿，竞争也往往使欺骗无利可图。假设每一个咖啡销售者在罐子里装的咖啡量都少于广告上或包装上所标明的量。骗人的制造商之间的竞争使每磅咖啡的价格降到相同的水平，即等于边际成本，这 37
就如同每罐中所放的咖啡是足量的一样。消费者并不用称他们购买的咖啡的重量，竞争保护了他们。同样，即使是根据不完全信息作出决策，雇主之间和劳动者之间的竞争也往往会保护每一个人的工资，使其不受任何一方的剥削。

新马克思主义者断言，不完全信息使资本在与劳动的交往中有更大的权力，而且，那些支持这种观点的人常常为了批评而引用阿尔奇安和德姆塞茨在一篇关于企业理论的文章(1972)中提出的一个观点。在那篇文章中我们断言企业：

> 没有法定的权力，没有权威，没有与普通市场上任何两个人之间所签署的契约有任何一点细小差别的惩罚行为……（企业）可以不满或上诉，这就像我可以通过不购买某个杂货商的东西而表示对他的不满，或者可以起诉他把伪劣产品卖给了我。

还应该注意的是，这段引言在说明逃避责任行为和监督费用对企业理论重要性的文章中仅仅是一个方面，但对它所作的批评却仿佛它是中心分析点。实际上，雇员可以自己离职，也可能被解雇，而且，人们也可以拒绝与其他人在市场上进行交易。虽然现代法律对企业雇用契约的保护似乎要比对雇员的保护更有力一些，但在法律上企业制度并没有使人处于奴役状态，这一点是不容置疑的。无论合作各方的相互关系是发生在企业内还是发生在市场上，如果这种相互关系结束，那么，合作各方之间所承担的费用不一定是相等的。各种情况与制度下解散合伙的费用变动的方式是值得研究的，但关键是人们往往忽略了，这些费用分摊的不平等引起了对各方在开始同意合作时所按的工资和价格中的补偿抵消。有远见的雇员在考虑另一种就业时会提出工资要求，这种工资反映了他们对失去工作时将要承受的费用的预期。有远见的雇主在考虑可供选择的雇员时也将根据雇员离职的可能性提出工资水平。不完全信息使这些报酬不大可能明码标价，但也不一定会背离它们的水平。援引运用权力的事例可以帮助就业协议的双方，但实际的争论是，“资本”是不是有意地剥削，或者“劳动”是否受到剥削，或者这两种情况都不存在。

尽管解释协议隐含着费用，但仍达成了自愿合作协议，这种协议往往涉及一些人命令另一些人，或所有者-管理者命令所有雇员，但这是自愿达成的协议，因为对共同的生产率有合意的影响。在一种自愿协作中产生一些人命令另一些人正是由于信息的不完全性，
38 但是，各方参与协议的条款反映了不仅有法律制度和公开监督所承担的保护，而且也有竞争承担的保护。有意的、单方面的剥削显然并不是资本主义的结果。

由于信息不完全时可能出现欺诈，所以，就需要有一种手段来控制或减少欺诈的发生。通晓当代学者关于企业与劳动管理论著的新马克思主义者把这些手段分为两类：监督手段与激励工资。据

认为，第一类是把实际资源用于警察行为。第二类是简单地依靠像高工资这样的转移支付来限制雇员的逃避责任行为，或按其他一些机会主义方式行事。假定无论用这两种方法中的哪一种，雇主为了达到一定的欺诈行为减少而需要支付的费用是相同的。支持新马克思主义者的雇主在这些方法之间是无差异的，工人和社会并不是这样。当所需要的一切是以高工资形式的转移支付时，雇主所表现出的无差异就使实际资源流向监督努力。当然，工人对高工资的偏好大于监督；社会对转移支付的偏好大于实际资源的转移。因此，如果信息是不完全的，由于雇主所谓的无差异，资本主义企业就可能是低效率的来源，这正是某些新马克思主义者所要说明的。在新模式中，激励工资代替了监督。雇员所拥有的企业之所以取胜是因为雇员所有者肯定会采用高工资而不是监督。不完全信息创造了不以简单的外部性为基础的资本主义企业的低效率的根源。

不能认为这种看法是严肃的，推理是肤浅的。就雇员而言，潜在地服从监督的人有一种向那些计划进行这种监督的人支付报酬的诱惑，以便使这些人不再这样做，并选择能达到同样目的的高工资。如果事实是这样的话，双方的状况都会由这种支付而变得更好。如果雇主实际上并不会由于这种协议而受高费用之苦，竞争会说明，雇员为了使这种情况实现所需要支付的量是微乎其微的。因此，当事实的确如此时，追求利润的资本主义企业在激励工资和监督之间就不是无差异的，而且，为了消除由轻微竞争引起的无差异就要求工资的让步或对雇主一方的支付，类似于这种解决方法的协议是存在的。向已成为特许监督团体的成员的支付总量一般超过了该团体接受新成员的费用；这就是对监督者的支付。监督反过来

又使监督费用确定在这样一种水平上：除了向获得特许者的支付之
外，还可以有力地激励勤奋工作；这就相当于激励工资。在劳动市
39 场上，超时工资的增加快于工人的生产率，但是在工资水平低于工
人的生产率时，这就接近于同一种解决问题的方法。工人之所以选择勤奋工作是因为他们希望在向他们支付的报酬超过生产率的时期内保持就业，[1]但是，必须谨慎的是，如果没有监督努力，为什么工人要担心失去工作呢？认为激励工资排除了需要监督的观点是错误的，而且，即使在雇员所拥有的企业中，这种观点也是错误的。

① 的确，如果雇主解雇工人仅仅是为了避免支付高工资，那么，就要把雇主放在承担费用的位置上。

第三篇　企业控制、财产与经济发展

第二篇评论中所讨论的控制问题的意义远远超出了与企业本身相关的问题。这并不是一般的评价，这篇评论的目的正是要说明这个问题对更广泛的社会问题的重要性。这里所讨论的问题与经济发展、管制和财产分配相关，这些问题与企业代理问题的联系在于生产函数。

只要各个社会在组织原则（例如，社会主义与资本主义）和所依靠的财产分配方面不同，它们就不会具有相同的生产可能性边界。即使这些社会拥有相同的资源和技术知识，也是如此。即使苏联能够拥有美国可以得到的资源和技术基础，但它依靠社会主义管理技术，而且偏好财产分配平等化，那么，就不应该也不可能得到同样的产量结合。形式主义者认为，如果一直存在着产量结合的差别，就应该把财产分配、文化、制度和组织原则作为投入品，这也正是我的主张，要与美国相当，苏联就必须成为美国。简而言之，我仅希望指出，在讨论生产可能性边界时，发展理论过去至多只在口头上承认财产分配与组织化制度的重要性。只是现在，当东欧努力改变制度时，这些考虑的重要性才日益明显。它们的重要性可能大大超过了新古典发展理论中所强调的变量——资源禀赋与技术。

可以认为，资本主义经济制度中私人财产制度的存在是理所当然的，社会主义经济中资本主义制度的存在并不是理所当然的，一旦注意力从分析资本主义经济制度转向分析社会主义经济制度向资本主义经济制度的转型时，企业控制和财产分配的生产性结果就变得重要了。看来与对资本主义经济的分析不同，对社会主义经济的分析既不能忽视企业控制问题，也不能忽视财产分配问题。在新古典理论中，这些问题主要是由不受控制的市场运行解决的，而且，正如前一篇评论所讨论的，新古典理论基本忽视了企业的组织问题。但是，社会主义理论探索用管理协调来替代价格协调。从原则
41 上说，这似乎会使企业内的控制问题成为一个严重的问题。在奥斯卡・兰格（Oskar Lange）、阿巴・勒纳（Abba Lerner）和其他关心促进生产资料社会主义化的人的著作中提出了控制问题，但是，他们与新古典理论一样很少关注组织问题。这些经济学家所做的分析工作中基本没有制度问题。他们集中于形式上适当的边际等式的推导，国有企业的管理者正是用这种边际等式来指导他们的活动，这种边际等式与新古典理论分析私人经济中提出的边际等式是类似的。这些经济学家没有严肃地讨论控制问题的一个可能原因是他们被社会主义所迷惑的关键来源，即所谓社会主义有能力摆脱生产要求的财产分配，这使得社会主义可以追求平等主义而不受资本主义制度中暗含的限制。这的确使他们的分析有所偏差，使他们很难认识到财产分配与制度的不同方式对生产的重要性。所有这一切的结果就是控制问题以及财产分配和制度设计问题被忽略而没有去研究。

在这里，利益控制的内容是代理问题，而且特别是与大企业所有权分散相联系的代理问题。这个问题强调所有者与专业管理者

之间利益差异的各种可能结果。在经济学讨论中这个问题历史悠久，但早期的探讨是肤浅的。例如，斯密在《国富论》中对联合股份公司能否很好地为其所有者服务提出了怀疑：

> 所以，要想股份公司董事们监视钱财用途，像私人合伙公司成员那样用意周到，那是很难做到的。有如富人管家一样，他们往往设想，着意小节，殊非主人的光荣，一切小的计算，因此就弃之不顾了。这样，疏忽和浪费，常为股份公司业务经营上多少难免的弊窦。……所以，股份公司没有取得专营的特权，成功的固少，即使取得了专营权，成功的亦不多见。[①]

> 一个股份公司没有取得专营权而能经营成功的贸易，似乎只有这种性质的贸易，即所有营业活动，都可简化为常规，或者说，方法千篇一律，很少变化或毫无变化。[②]

斯密明确提到的公司控制代理问题在他对国民财富源泉的一 42
般性研究中显然没有什么重要的作用。近代学者的一些论述也是粗浅的。无论是在凡勃伦的《企业家与价格制度》(1921)还是在加尔布雷思的《新工业国》(1967)中，技术经理夺取了企业所有者的控制权，并以与所有者愿望不同的方式使用企业的资源。在加尔布雷思看来，所有权与控制权的分离产生了大量的私人部门和少量的

① 译文参照亚当·斯密：《国民财富的性质和原因的研究》，下册，商务印书馆1974年版，第303页。——译者注

② 同上书。第316页。——译者注

公共部门。在凡勃伦看来，这种分离引起了私人部门产量合意的增加。这些著作都使用了控制问题。他们相信，控制权转到了技术结构阶层手中，而且，他们提出了使产量水平大于企业所有者生产水平的前提是技术结构阶层的文化。然而，他们远远没有对控制问题作出实质性分析。

学术史上分析控制问题的一部分重要内容来自贝利和米恩斯那本关于公司的名著(1933)，在当代有关企业的理论论述以及公司接管与财务结构的讨论中，控制问题起了中心作用。在这一当代的文献中，控制问题解决的程度转向了几种考虑；包括企业的所有权结构、对高层管理者支付的报酬计划、董事会面临的组成与激励以及恶意接管的效果。这些问题都是重要的，但它们都有一个共同的特点，即集中在很窄的范围之内。他们认为控制问题仅仅产生于企业内部。本文的中心点是，控制问题的产生超出了企业组织，甚至也超出了企业筹集资金的金融市场的范围。控制问题的两个来源是一国的财产以及这种财产在其人口中的分配，第三个来源是一国的立法。

争论中的控制问题

许多控制问题折磨着复杂的组织。这里特别关心的是其中之一，这就是所有权极为分散的公司所有者无法获得足够的激励或权力去监管管理企业的专业管理人员。这个问题的适用性超出了现代公司。社会主义主张以资源的全民所有制为基础的制度，但全民所有制结构的分散性令人失望地使公民毫无权力；资产的管理就成为国家官僚的任务和特权。这些人以他们自己独特的方式对自己所面临的控制任务作出反应，这就引起了反映管理与利润指标和市场竞争分离的控制问题。

对20世纪80年代期间主要发生在美国的公司接管的研究证 43
明，在西方所有权与控制权的分离问题尽管不像在社会主义国家那样严重，但仍然是一个问题。这些研究说明，目标公司股东的获利主要来自接管企业。成功的接管使目标企业的股票价格平均上升了30%左右（贾雷尔，布里克利和内特，1988），这种上升可能来自接管的几个方面，但主导性的观点是，目标公司股东的收益主要来自撤销原来任命的不合适的管理者。① 但是，应该注意的是，公司全部资产中只有很小一部分成为接管者企图达到的目标。这可以解释为在统计上支持这样一种观点：大部分现代公司并不深受所有权与控制权分离问题之苦。

分离理论来源于这样一种观念：公司所有权毫无希望地分散在众多的、分散的拥有小额股权的人手中。除了当代研究控制问题的学者以外，从斯密到加尔布雷思，许多坚持分离理论的人也都把这种观念作为事实来接受。数千名股东共同拥有典型的大公司是一个事实，但是，近年来的研究（例如，德姆塞茨和莱恩，1985；施莱费尔和维舍尼，1986）表明，并不是每个股东都拥有无足轻重的股份数量。认为大公司的所有权极为分散的说法歪曲了真实情况。在一般情况下，甚至一个极大的公司也只有少数几个股东拥有较大

① 证据似乎表明，目标公司的收益主要不是来自债券持有者的财产转让（贾雷尔、布里克利和内特，1988）或大多数底层雇员。虽然在进行接管时目标公司解雇了大量管理人员，但并没有大量解雇工人。

部分公司股份。大公司的所有权结构比分离理论所认为的要集中得多，这就令人很愿意接受由此得出的结论：分离问题在资本主义国家里并不像贝利和米恩斯的著作所认为的那样严重。

就《幸福》杂志排出的美国500家大公司而言，5个最大股东所拥有的股份比例为1/4左右。在日本和一些重要的欧洲国家，这一比例更高。普通大公司是少数股东主要兴趣所在的公司，因为他们拥有至关重要的投票权。对小公司而言，所有权甚至更为集中。尽管存在所有权结构变得十分分散，以至于出现不能更好地为股东利益服务的情况，但是，面对这种集中持有股份的情况，专业管理者并不能像分离理论所认为的那样不受股东利益的引导。当所有权非常分散时，就会发生改组。在出现了这种情况时，公司接管和
44 公司法第11章的重组是两种主要方法。这两种方法可在短期内完成所有权的重新构建，较为缓慢的所有权重新构建是通过正式发行和购买股票来实现的。[①]

实现所有权的集中并不是无代价的。如果要使所有权高度集中，那么，少数所有者就要冒险地把自己的相当一部分财产放在一个企业中。如果这样做代价很高，以所有者效用最大化为目标的所有权结构就不能像一个人所有的企业那样。这种情况特别适用于非常大型的企业，因为这些企业中所有权的高度集中要求重要的所有者冒险地把自己绝大部分财产投入一个企业中。这就使他们

① 在现代公司中有几种方法可以引导专业管理者为股东的利益服务——集中所有权，资本市场衡量管理者业绩的结果。法律程序以及报酬制度。要使所有这些机制把现代公司变得和新古典理论所描述的企业完全一样是不可能的，但是，这些方法对贝利和米恩斯的理论提出了严肃的质疑。

面临着极大的企业特殊风险。因此，与代理问题所喻示的恰好相反，大企业中重要股东效用最大化的产权结构并不是单人所有制企业，而是一种更为分散的所有权结构，因为承担企业特殊风险的费用会反映在最优所有权结构上。然而，这种结构又应该保证极少数股东持有足够多的股份，以使他们能实施对专业管理者更多一点的控制。资料正确地表明了这一点——大企业的所有权结构比小企业更为分散，但是，所有权的集中足以使大股东的利益能影响管理者。① 这种所有权形式表明，所有权结构并不是股东决策的外生变量。看来股东要选择使他们拥有的股本效用最大化的所有权结构。瑞典企业（伯格斯特龙和赖德威斯特，1990）、日本企业（普劳斯，1991［2］）和南非的企业（格尔森，1992）证明了这种所有权形式。除了企业特殊风险和代理问题之外还有一些考虑（例如，税收考虑，重要所有者的管理能力，以及被歪曲了的管制，本文在后面还要讨论其中的某些问题），也有助于确定最优所有权结构。

财产的作用 45

现在，我们进入了一种关键的思考。获得一个对公司股份有控制权的份额的内在风险不仅是公司规模的函数，而且还是其企业特殊风险的函数。它也是股东财产和股东所拥有的时间与知识的函

① 资料还证明了，股东利益的其他方面反映在公司所有权结构上，但这里并没有讨论这种证据与这些内容。公司接管和所有权结构一样，也不是随机的。目标企业通常是那些并不希望通过事前合并而获得并保有资产的企业（米切尔与莱恩，1990），而且，如果所有权结构非常分散，也就不能把管理者的行为和股东利益紧密地联系在一起。

数。一个非常富有的人可以拥有一个超大型公司中相当大部分的股份，而且可以仍然维持某种多元化的投资组合。也许更加重要的是，一个非常富有的人愿意接受伴随着对一个或少数几个企业进行专业化控股投资而来的更高的企业特殊风险。在一个非常富有的人多到可以使其大型企业的所有权能没有很大企业特殊风险的构成的社会中，控制问题就大大削弱了。仍然有控制问题是因为所有者可以实现其控制任务的时间与智力的有限性。那些力图避免所有企业特殊风险的非常富有的人可以在许多大型企业的股份中处于控股地位，但是，在这样做时，他们能够实施的控制将会由于他们的时间和能力的限制而削弱。

控制问题的严重性部分是贫穷的反映，部分是财产分配的反映，部分是时间和精力的反映。如果企业要有效率，那么，这些因素的约束越大，企业所需要的资本总额就越多。如果穷国要解决代理问题而又要减少企业特殊风险，那么，它们就应该放弃对大企业的依赖。如果这些国家选择了依靠大企业，那么，它们就应该接受对企业的低效率控制（通过利用非常分散的所有权结构来避免企业特殊风险），或者它们必须比富国有更多能承担相当大企业特殊风险的企业所有者。

直到某一水平，财富分配的不平等才能使在总财产既定时达到对至少某些大企业的更有效的控制，但是不平等可能会超出这一水平。财产分配的极端不平等和极端平等都会减弱能保持的有效控制程度。先来考虑财产分配的极端不平等。非常富有的人所拥有的财产足以使他们在许多大企业中具有集中所有权的地位。如果他们只是在一个企业或少数几个大企业中具有这种地位，他们可以对这些企业实施有效的控制。但是，如果他们在许多大企业中具有这种地位，他们对这些公司专业管理者的控制就会因为他们的时间和知识限制而削弱。即使富人把他们的部分财产借给其他人，这些人又具有控制股权的地位，也不能避免这种限制；因为贷款本身应该有监督，并应该惩罚失败者。因此，极端的财产分配不平等会使一国的大部分财产落入少数人之手，以至于这些人在时间和知识上 46
的限制损害了他们有效地控制职业管理者的能力。恰到好处的财产分配的不平等应足以使处于财产分配上层的个人成为少数风险厌恶者，他们只在少数企业中拥有集中的地位，这样可以满足时间与知识的限制条件；这样的分配格局为大企业的有效控制提供了一条实用的思路。

控制问题的解决还受到财产分配极端平等的破坏。我们考察一下美国大公司的情况。在前面提到的德姆塞茨和莱恩研究的 511 家美国公司中的大部分，都可以排在《幸福》杂志 500 家最大企业之中。在所研究的 1975—1980 年间，平均而言这些企业的所有权结构都是 5 家最大的股东持有 25% 左右的上市股份。其中有些所有者是机构（这一点以后还要谈到）。把这些机构排除在外。5 家最大的非机构所有者控制的美国典型大公司的股份略低于 10%。作为一个有用的假设，美国资本市场向我们提供了确立对大公司有效控制所需要的非机构所有权结构的粗略估算。根据这种估算，一般大公司应该有 10% 的股份由不超过 5 家的非机构所有者拥有。

如果 1976 年美国的净财产平等地分配给各个家庭，那么，5 个家庭所提供的资金无论如何都无法接近拥有这些大公司 10% 股份所需要的数量。在德姆塞茨-莱恩的样本中，5 家最大的非机构所有者在一般大公司中的投资总量超过了1亿美元。如果1976年时财产平等地分配给各个家庭，那么，任何一个家庭能用于这种投资的净财产小于1万美元，这样，5个家庭的净财产集中起来总量也只有5万美元。假定1976年每股价格正确地代表了重置费用加商誉，那么，5万美元远远达不到建立充分控制所需要的数量。如果对大企业的有效控制是迫切需要，那么，即使像美国这样富有的国家也应该存在财产的不平等。应该存在足够的不平等不仅是要允许有足够的5个所有者集团去掌握一个经济中大量大企业10%的股份，而且也是为了使每个这样的所有者能达到其财产多样化的可接受程度。因此，如果在财产分配上存在极端不平等，解决企业控制问题都是较为困难的。用美国资料计算所得出的含义是，没有一个国家富裕到可以不存在相当程度的财产分配不平等而又能对解决这个问题做出最大贡献。

47 假设1976年美国有足够多的富裕家庭使得美国500家最大公司每家有1亿美元股份由5个家庭所拥有，相应于每个企业有不同的5个家庭集团。这必不可少的2500个家庭的每一家拥有的净财产应该为2000万美元。假设美国的家庭数量为6000万，在1976年一般家庭的净财产为1万美元左右时，这就是0.004%的家庭拥有一国净财产的8.33%。在这种计算中没有扣除由互助基金会、保险公司等机构拥有的大股份地位，这些会降低所要求的净财产不平等程度。但是，也没有扣除有控股兴趣的富裕家庭的资产组合多元化，而且，资产组合多样化需求的影响提高了所要求的不平等程度。

这里仅仅提到了控制问题，而没有涉及财产及其分配可能产生的其他生产性结果。财产分配会影响人力资本投资，反过来这又会影响经济进步。穷国在各家庭中平等地分配财产意味着家庭人力资本投资低且平等的水平。财产分配的不平等意味着富裕家庭高水平的人力资本投资和贫困家庭低水平的人力资本投资。财产分配的极端不平等意味着人力资本投资的严重不对称性，其程度大于由能力分布所决定的合理性。除非人力资本投资的资本市场可以发挥作用，即要求那些获得贷款的人从未来的收入中强制偿还，否则财产的极端不平等就会导致贫困家庭的孩子人力资本投资极少。财产分配还影响一国的政治稳定，而这对企业的生产率也有重要的影响。因此，财产及其分配在许多方面都对生产率有影响，而这些影响往往是相互冲突的。认为财产分配仅仅通过企业控制问题而影响生产率是不对的，而且，我也并不想作出这样的论断。我的主张只是存在着对财产和解决企业控制问题之间联系的忽视，而且，这种联系表明了，财产分配中恰当的而不是极端的不平等，可以增强一个社会解决控制问题的能力。

资源禀赋、气候以及技术状况都有助于——但仅仅是有助于——决定一国存在的比较优势的活动途径。这些因素不足以成为决定性因素是因为它们忽略了企业控制问题，以及财产在减弱这个问题严重性方面的作用。正如一般人所解释的，比较优势理论并没有明确承认这些因素的重要性。如果要使企业有效率，那么，需 48
要大量资本的企业就可以得到更有效的控制，如果企业是在富国，是在承认财产分配不平等的国家，而且是在承认外国所有权的国家，那么，只需要少量资本的企业由于控制问题所引起的损失就要小于贫穷、平等而又禁止外国投资的国家。如果穷国企图迫使资源用于要使企业有竞争能力必须有大量资本的经济部门，那么，它们就错了。如果相应地还有维持国内财产分配接近于平等化和阻止外国资本的政策，那么，它们就更错了。

这种讨论基本忽略了外国财产。某个国家的实际控制问题在很大程度上要受到它们对外国资本态度的影响，对这个原则没有什么争论。这里不是在一国水平上讨论财产及其分配问题，因为外国资本的流入是重要的，我们可以把世界作为一个大国家。不可能通过引进资本来改善控制问题，财产及其分配对控制问题仍然是重要的。在某种程度上存在着对外国资本进入穷国和财产分配极平等国家的股份地位的障碍，当然，这些原则也适用于一国的各州。

如果企业控制只是一个相关的问题——而它并非如此——那么，一个贫穷而平等的国家就应该避开鼓励向需要大企业的活动投资的政策。假定零售业、服务业、小型商业和农业由一般公民或一小群公民运用其资本、时间和智力能经营良好的话，那些主要依靠国内资本和控制的穷国就应当支持这些活动。只有在这些可控制企业的投资有时间使其所有者积累了财产以后，或者只有在更大程度的财产不平等成为政策倾向之后，才能对大企业进行可控制的投资。从控制的角度看，大企业和大企业所归属的行业，建立在那些人均财产多而又有适度财产分配不平等的国家会更好一些。[①]

企业规模与向资本主义的转变

许多规模的分布，例如人的身高，可以很好地用正态频率分布

① 当然，穷国依靠小型企业的控制优势也可能由于它们拥有特别有利于效率更高的大企业的行业的资源禀赋而被超过。在这里我只集中论述控制问题。

来表示。少数观测对象有非常小或非常大的规模，而大部分观测对象属于中间规模类型。但是，企业规模的分布是不同的。大多数企 49
业是小型的，少数企业是中型的，而特大型企业非常少。这种分布形式更似对数正态分布而不是正态分布（吉布拉，1931；伊吉瑞与西蒙，1977）。从经济学的角度来看，这种分布的根源应该根据企业效率与利润来解释，但是没有什么理由可以认为，取决于投入品数量的新古典生产函数适应于小企业而不适应于大、中型企业。在不存在投入品的不可分性时，各种企业规模都是同样有效率的，而且，虽然投入品的不可分性得出了U形成本函数，但是，除非有一个特定的依据，否则我们就没有理由认为，在非常小的企业规模中比在中型或大型企业规模中能更经常地达到成本最低。控制问题的解决反映了财产与财产分配的作用，这就提供了一个本质上较普遍的解释。

一个非常贫穷的国家如果有较多特大型企业，那么就无法解决控制问题，而且，整个世界也是如此。如果控制问题是决定有效规模的唯一因素，那么，小企业就提供了最优的生产规模。显然，由于存在一些大企业，情况就不是这样了。同样显而易见的是，大企业并没有很多。证明少数大企业存在的合理性依靠了一个观点，即与不可控制的投入品相关的规模经济效益如此之大，以至于在少数情况下，即使控制费用要增加，大型企业也是有利的。这种观点本质上是特别的，但是控制和财产考虑并不特别（或者至少普遍得多）。即使我们假设，与非控制性投入品相关的规模经济要求等量的小型、中型和大型企业，控制和财产问题也不足以把企业规模缩小，使之趋向于小型企业规模。

现在探索私有化的社会主义国家面临的困难中包含了所有权结构所提出的问题。通常是通过把设备拍卖给公民的简单方法使小型社会主义企业变为私人所有的企业，这样做时，它们并没有什么困难。波兰、匈牙利和捷克共和国已经把大部分小型社会主义企业变成了小型私人企业，现在俄罗斯又重复了这个过程。中国经济的私人部门也是从小型企业开始的，既有农业也有工商企业，而且，私人部门增长很快。大型国有企业提出了较为困难的转型问题。中国并不计划把它的大型国有企业变为私人所有制，而是希望依靠与外国企业合作的优势使社会主义部门充满活力。这当然至少部分是由于意识形态的原因。但是，在中国，问题的主要根源是缺乏那种不在大部分人中引起不满的私人财产，在东欧和俄罗斯更是如此。如果我们包括农业的话，中国的私人部门有几十年了，而
50 且，私人财产正从这个迅速增长的私人部门产生；尽管如此，东欧和俄罗斯从20世纪40年代到70年代一直没有任何重要的私人部门，也还没有经历类似的过程。在这些国家所积累起来的私人财产来源通常是非法黑市活动和政府官员的隐性活动。那些从40年代到70年代承担了税收、短缺和官僚自我致富代价的公民反对由那些以看似反社会的方式富起来的人获得大部分国有企业。大型国有企业的私有化已经停顿了，除非把这些企业卖给外国人，否则这些仍然在社会主义制度之下的企业就没有活力。这种状况对解决控制问题并没有多少帮助，必要的强制和控制仍然在政府官员手中，他们发挥作用的背景是以“公共”所有权为特点的“所有权”极端分散。

控制问题的另一个前提

可以把许多人所拥有的少量财产集中起来建立私人国内投资基金，其数量足以用来在甚至是需要大量资本的企业中建立控股地位。在某种程度上，这些管理机构投资基金的人有效地代表了个人投资者的利益，这些基金可以购买大部分股份的方式对企业的专业管理者施加相当大的影响。一个国家的全部财产仍然决定着能够筹集到多少足以实现这种控制职能的基金数量的限度，但是，在某种程度上机构投资者可以作为一种把个别投资者的所有权利益集中为具有控股地位的合作投资的机制。在这一部分要讨论机构投资者解决方式的作用与缺点，但是，作为这种讨论的前提，强调一下往往被忽视了的代理问题的一个方面是有用的。

我们已经认识到引起管理者低效率（从股东的角度来看）的一种情况是分散式所有权结构的存在，但还有另一个没有被大部分人所认识到的情况。这就是投资者不能迫使企业交出用最初出售股票所得到的资金购买的资产。从本质上看，这就意味着投资者不能迫使企业再购买它的股份中已上市的那一部分。当投资者购买最初公开上市的股份时，公司所得到的资产就成为企业的财产。股东得到了股份的投票和领取红利的转让权，但是（从个人来看）对由其股份代表的那部分企业资产并没有占有权。资产属于企业，如果股东不满意企业经营状况，可以出卖他们的股份，而且，在与其他股东联合起来时也可以投票决定出卖企业。他们个人所不能做的是要求公司购回他们的股份。

51 再购买条件的不存在使专业管理者可以对股本资本实施更大的控制。从最初出售股份中得到的资金和其他资产在公司名下，而不在股东名下。[①] 如果股东可以收回这些资产，控制问题的严重性就会削弱了。甚至在存在非常分散的所有权结构时，也会出现这种削弱。没有任职的股东按个人的方式行事，而且数量很多，他们可能需要剥夺公司资产管理者的开支。资产可能由于不良的管理者而贬值，但也可能由于那些心怀不满的股东的管理控制而得救。

从可以进行委托经营的角度看，在一般情况下允许股东收回他们在企业资产中的份额是不现实的。公司可以让委托者去购买原料和工厂，也可以提供物品与劳务。如果这些委托是可靠的，企业就应该控制它通过出售股票或债券所得到的资产。它不能处于使资产流失到没有职务的股东手中的持续危难之中。除了特殊情况外，应该禁止投资者收回自己在企业资产中的那一部分，一般公司都应该按这种方式来组织。因此，要确保企业的生存就要在许多重要的方面与那些为公司提供了资本和其他投入品的人的活动和愿望分开。[②] 只有大多数股东投票同意出售企业或企业的资产，而不是由独立的个别股东决定，股东才能有效地迫使企业把有价值的资产交给他们。

如果以时间为依据的委托对企业的供给者和顾客是不重要的，

---

① 如果有足够多的股东出售股份。那么，这种出售就会对公司股票价格产生抑制作用。这对管理者也有某种惩罚性影响，因为这会引起增加新股本资本的困难，但是，即使这样，公司也仍然保持着对它所获得的资产的控制。

② 我的同事阿克塞尔·莱永胡武德在一篇论述“资本主义与工厂制度”的文章中提出了类似的观点。

那么，对资产的持续控制就不再是进行经营活动的前提。开放的互惠股份基金从投资者手里收集资本，并运用自己的技能投资于其他公司的股份。在不损害自己经营委托的情况下，基金只要在作出决定时及时通知，就可以出卖它所得到的股份。基金的经营活动并不像一家汽车公司的经营一样取决于专用性资产的获得与持续部署。它所支配的资本可能被投资者抽走而不会严重地损害它对其他人的委托。开放的互惠基金的义务是按投资地位的比例进行“回购”。通过这种基金进行投资的人在法律上并不等于股东。对基金管理的普遍不满会引起投资者抽回其大部分资本，甚至没有一个投资者投入一定的数量。这种惩罚的力量并不取决于集中所有权的存在。52
由于这种差别，控制管理者问题在一般公司中比在开放的基金中可能更加严重。[①]

如果某些基金在它们购买的股份中具有集中所有权的地位，而且，如果这减少了基金投资者抽走资金的可能性，那么，就可以把开放基金中控制问题的削弱转化为一般公司中控制问题的削弱。因此，像开放互惠股份基金这样的金融机构就有减少公司控制问题严重性的潜力。这在有利于企业控制方面可能是重要的，尤其是在那些财产水平低而财产分配又平等的国家中更是这样。基金可能具有足够的已投资财产，这就使他们可以在不严重地损害多样化能力时又能在它们所投资的某些公司的所有权中具有集中的地位，它们可以像非常富裕的人那样行事。[②]

---

① 法马和詹森(1983)认识到了互惠基金的这种特征和它与代理问题的关系。

② 开放基金和政府之间的差别在于，政府被视为税收征收者，而向基金提供的收益是自愿的，而且是会返还的。

封闭的投资基金的投资者并不具有同样的惩罚能力，因为他们不能要求从基金中收回资产。封闭基金的资金筹集与一般公司的做法相同。一旦基金最初出售的股份结束，投资者可以通过在公开市场上出售股份，而不是通过迫使基金按资产价值购回股份来兑换成现金。在公开市场上出卖股份尽管也会压低股份价格并有损于基金再出卖股份的能力，但并不直接减少由封闭基金管理的资源。封闭基金经营所依据的金融规则使其管理者有能力制订投资计划而不用担心被迫改变计划会招致投资者的不满；但这些规则也排除了开放基金即使由分散的投资者组成也可以具有的控制管理者的途径。当然，如果开放基金投资的股份经营状况不良，每单位投资的资产价值就要减少，而且，投资者只能按低于他们为投资所支付的价值来收回投资。不可否认存在着这样一个事实：无论投资者是把货币投资于封闭基金还是开放基金，他们都要承担基金管理者以往不良投资决策的代价，但是，只有开放基金的投资者才能夺走仍然由基金拥有的资本的基金管理。

假设与美国现在的事实相反，允许商业银行把客户存入的储蓄存款投资于工商企业的股份。而与开放基金投资者购买的股份的价值由基金所选择的投资企业决定不同，银行允许储户提取他们所
53 存入的等量货币。银行对投资这些储蓄的不明智管理，或者不能明智地给它所投资的企业管理者施加压力，都会使它不能维持向储户支付的竞争性利息。储户将提取他们的资金，可能把这些资金转到经营较好的银行。在这种可以提取投资的情况中，投资的价值不会由于银行投资部的不良业绩而下降。开放基金的投资者与此不同，他们会因为基金的不明智投资而经历单位投资价值的下降。但是，

这种差别还不能说明，投资者是更愿意从基金管理中抽回资产，还是从银行管理中提取储蓄，也不能说明一旦银行进入股票投资业务是否还愿意继续允许按美元单位的货币提款。显而易见的是，如果要维持美元单位，投资者-储蓄者对他们基金状况的监督要比对他们银行状况的监督更经常、更密切。当然，如果通过银行把储蓄用于股票投资，强制实施的储蓄保险就会进一步加强储户对银行业绩的监督。

虽然投资者从开放投资基金中收回资金的能力改善了在其他情况下会出现的分散投资者的代理问题，但改善的程度如何并不十分清楚。如果以集中方式提供的资本就是基金本身，那么，就可以更有效地解决控制基金管理者的问题，因为这加强了对监督和惩罚基金管理者的激励。但是，这种集中也会使基金在解决已引入现在讨论中的财产分配问题时效率不高。[①] 即使代理问题减少了，仍然存在由基金管理者有限的知识与时间而引起的限制。主要服务于储户投资多样化的基金消除了企业特殊风险，但是，和那些自己达到了类似多样化的非常富有的投资者一样，基金并不能有效地监督和影响它拥有其股份的公司的管理者。资料看来支持这样一种看法：一般来说，主动管理的多样化基金不如只根据股票指数广泛地购买而不进行管理的基金。从有效控制的角度来看，对有管理的基金来说，在他们的资产组合中实行大规模的专业化，以至于他们把

① 但是，加州大学洛杉矶分校最近完成的一篇博士论文（克莱德，1990）提供了一些证据表明，在作出有关在公司股份中具有集中地位决策方面，机构投资基金管理者的行为与个人和家庭股东很相似。这篇论文引起了我对法律限制多样性的注意，这些限制削弱了机构投资者在他们投资的企业的股份结构中具有控股地位的能力。

更多的知识和时间用于影响公司管理者的任务会更好一些。在美
54 国，以信托责任为依据的法律制度不鼓励这样做，也不承认个人投资者，如果他们希望这样做的话，可以通过投资于这种基金的资产组合来回避企业特殊风险。

如果对封闭基金来说要由不满的投资者来剥夺它的资产是不可能的，那么，就不存在对它的管理者进行惩罚的来源。值得注意的是，封闭基金最初上市的股份的购买者会由于它们的股份价值和基金资产组合价值的折扣而蒙受损失。也许封闭基金向投资者所显示出的代理问题比开放基金更加严重。看来封闭基金仍然可以同开放基金在筹集资本方面进行成功的竞争，而这就意味着，存在着某种补偿性优势。值得注意的有两种可能的优势：第一，正是由于开放基金必须随时按要求购回，所以，它需要比封闭基金更具有流动性的资产结构，这就使封闭基金能够把它更多的资产运用到投资中。第二，封闭基金由于依靠比开放基金的单一所有权结构更为集中的所有权结构，就可以减少其潜在的更大的代理问题。这两种基金的这两个方面的问题都可以研究，而且也许已进行了研究，但这些研究仍然是推测性的。然而，封闭基金的所有权结构结果使所有权更为集中，这就使得把封闭基金用于抵消穷国所面临的财产与财产分配问题时不太有用。

最后，可以提到的是，虽然通过出售债券来获得资本引起了股份与债券持有者之间的代理问题，但减少了本应该通过所有权提供的资本量，从而也减少了建立集中所有权地位所需要的资本量。债券与从许多投资者那里获得少量资金的股份的能力相同；与集中的所有权情况不同，这两者尽管在特殊情况下可以影响管理者的行

为，但它们通常都不能引起控制专业管理者的机会。资本的这两种来源引起了两个代理问题，债券的发行引起了股份持有者与债券持有者之间的代理问题，从分散的来源获得资本引起了大股东与小股东之间的代理问题。无论是债券还是分散来源的股本，都是通过减少企业筹资所要求的集中股份的数量而使得大股东可以用较低费用去惩罚专业管理者。

债券与分散来源股份之间存在一种差别，这种差别与开放基金与封闭互惠基金之间的区别相关。债券最终是要偿还的，这样，债券持有人就从他们曾帮助筹集资金的企业那里收回了自己的资产。开放基金投资者的这种回收特权并不是持续的，而是周期性的。必须作出是不是用新债券或新股份来替代旧债券或者保持不变的决策。在这个问题上，职业管理者要受资本市场规定的限制，在债券 55
没到偿还期时，这种规定并不是强制地发生作用。因此，在债券最终引发回收机会时，债券的发行与股票的发行不同。[①]

制度方面的思考

各国所有权集中程度的差别表明，制度安排与财产一样对控制问题是至关重要的。在企业规模和企业特殊风险这些明显影响公司所有权结构的变量的值为既定时，美国公司的所有权比日本、欧洲和南非公司的所有权要分散得多(但并不比英国公司更分散)。典型的美国大公司表现出的所有权集中率等于5家最大的所有权拥

① 感谢戴夫·巴茨教授向我指出了这一点。

有者拥有上市股票的 1/4，但在南非约翰内斯堡股票交易所交易的大部分公司所有权的集中率接近 50%（格尔森，1992）。瑞典和德国也是相近的高集中率（森德奎斯特，1986），而日本大公司的所有权集中率超过上市股票的 1/3（普劳斯，1991［2］）。如果 5 家股东集团拥有一般大公司 1/4 有投票权的股份在美国是合适的所有权结构，为什么这种集中率在其他国家不合适呢？这种差别的一个可能来源在于各国影响所有权结构的法规不同。只是在最近这种可能性才引起了学者们的注意（普劳斯，1991［1］；罗，1991；以及格尔森，1992）。

在 60 多年中，格拉斯-斯蒂格尔法禁止银行直接拥有美国公司的股份。在南非和西欧并没有与此相似的法律，日本只是在近年来才通过了类似的法律。格拉斯-斯蒂格尔法迫使公司从其他来源增加股本资金，而银行本应该是低成本股本资金的渠道。事实上，在其他国家银行都起着重要的股本作用，在这些国家银行提供的股本足以使自己在公司所有权结构中拥有适当的地位。在没有格拉斯-斯蒂格尔法时，美国银行在财产分配和控制问题解决之间的联系松散的情况下也起到了和开放互惠基金一样的作用。① 在某种程度上，美国的法律也不利于保险公司和养老基金会建立并保持控制所
56 有权地位的程度。这些法律迫使这些机构保持多元化资产组合并避免在一个公司中拥有主要地位。西欧各国及其有组织的股票交

① 但是，由于银行对借款人实行贷款承诺，所以，银行对存款人的提款权实行某种限制就是合意的。存款人有权在可以充分提取他们的资金的账户和银行保证购买其他公司股票的账户中进行选择，后一种账户限制了提款权，由此银行就可以对借款人进行定期承诺贷款。据认为，第二种账户能使存款人赚到更多利息。

易所允许无投票权的股票是正确的，而美国的主要股票交易市场，纽约股票交易所，从20年代后期以来一直坚持只根据一股一票的普通股列出名单。没有投票权的股份减少了在公司中建立控股地位的费用，因为当考虑直接控制管理者时只应该考虑有投票权的股份，没有投票权的股份和债券一样。在不冲淡有投票权的股份的情况下提供了一种可以筹集资金的媒介。[①]

可以用公共利益的观点来支持和反对依靠有投票权的股份来获得股本资本。同样，对于阻碍重要的资本来源可以更容易地接近股票市场的各种法律障碍也有支持与反对的观点。无论这方面的真实情况如何，我并不认为在评价这些法律障碍的社会合意性时要充分考虑这些法律障碍对所有制结构和控制的影响。这些法律给控制带来的问题为它的用处提供了一种全新的下限。

由公司的法定要求和保护性法律对股东所提供的保护也与所有权相关。在某种程度上，控股股东可以采取单方面的行为，其结果是财产从小股东（或者从持股人）转移到他们自己手中，这就使从分散的来源积累资本产生了困难。这也使企业为了减少面临的企业特殊风险而变小了，因为小企业购买控制权时相应地要求的财

① 由于甚至在纽约证券交易所根据有投票权的股份结构列出的公司中，小额股份的持有者在公司的管理中也起不了什么积极作用，所以，他们的股票在正常情况下相当于没有投票权的股票。但是，存在着对控制权的潜在争夺，而且，当这种情况出现时，非控股股东的投票权能力对控股所有者就成为一个问题。由于这一点，所以分散拥有的有投票权的股份就增加了在公司所有权结构中维持控股地位的成本，如果企业可以通过出卖无投票权股份来增加股份，要承担的这种成本也不会太高。投票权的价值反映在有投票权股份与无投票权股份之间的价格差上，而且，即使通过出售无投票权股份来增加股份，这种差别的程度，即拥有投票权股份的代价也在增加。尽管如此，无投票权股份的存在使得正常情况下可以以更小的代价维持在大公司中的控股地位。

产要少。美国的法律在对大股东的条款中包含了减少小股东所承担的风险。红利的支付应该相同，合并要得到大多数股东的批准，承认派生法的适用性，要求标准的会计方法，等等。这些要求使企业可以轻而易举地在不要求有控股权的股东同比例增加资本的情况下选择资本的分散来源。这使得大企业的所有权结构不像没有
57 这些要求时那样集中，而且，这也许可以解释美国大公司中所有权集中程度比较低的原因。因此，如果小股东处于控股股东的支配之下，一个好的保护性法律制度会有助于穷国所拥有的企业可以大于可能的情况。[①]

财产占有与财产获得

控制问题渗透在具有不同于经济学文献中通常承认的生产率来源的财产方面。应该承认获得财产的可能性是一种有力的刺激，这种刺激鼓励人们作出努力并承担风险，但在原则上，这与简单地**拥有**财产的生产率不同。设计合理的报酬制度，包括对管理者的激励工资以及由所有者占有扣除利润的剩余，是通过获得财产而有助于解决控制问题的方法。在面临企业特殊风险的大企业中得到控股地位要求有一些人已经拥有了相当多的财产。如果有足够多

---

① 不能认为法律制度保护小股东是理所当然的。例如，阿根廷就缺乏这种制度。控股股东隐瞒他们公司从地方内部收益劳务和小股东那里得到的利润。很少支付现金红利，而且，实际利润和红利支付之间的差额似乎都进入了大股东的口袋。小投资者变得不愿意使他们的资金有用，结果那些要大到能竞争的企业产生了严重的筹资问题。这些企业需要的资本必须来自大到足以保护自己利益的投资者。在没有保护小投资者的公司法与保护性法律的情况下，较大的企业特殊风险增加了获得资本的费用。

的这种人，他们可以形成数量足够多的小集团，这就使一国能利用许多大企业，而这些企业的管理者在很大程度上要受其所有者的影响。这种占有财产的生产性作用来自所有者对委托的控制，并不一定来自对财产的追求。一般来说，当控股所有者实施控制时是受追求财产的引导的，但也并不一定是这种情况。只要控股股东的财产允许他们进行某种形式的工作中消费，可以实施的控制就可以用企业追求不同于利润最大化的目标。财产作为一种存在的投入品在分析上可用于不同于追求财产的作用。[①]

具有某种财产分配也与生产率相关，其方式则不同于获得多于 58
其他公民的财产的可能性。“非常不平等”或“非常接近于平等”的分配都有损于社会有效地控制企业的能力。作为因变量的控制问题的改善与作为自变量的财产分配之间的函数关系是一个倒“U”型。所实现的整个控制水平的指数将随着财产不平等的增加而增加，在不平等的某个中间水平时达到最大；然后，在不平等变得如此之大，以至于非常富有的少数人由于他们不能认真地关注自己的投资而负担过重时，这个函数就递减了。

这种拥有财产和某种财产分配的特殊生产率来源意味着，不考虑到生产就无法在学术上讨论财产政策。这个问题与约翰·穆勒的论断相关：可以把政策运用于两个在概念上不同的部分。一部分

① 财产在改善控制问题中的生产率与财产在减少人们作出选择时风险厌恶特征的作用相似。例如，富人更愿意试用新产品，据认为这是因为这样做只涉及他们财产的一小部分。由于这种风险厌恶型购买行为的减少，富人就为其他人，尤其是为那些不那么富有的人提供了有关使用新产品的信息。可以认为，没有富人，社会在评价新产品时就会较为困难。

考虑竞争目的的资源配置。穆勒断言，在这一部分政策要受到不变的生产规律的限制。在第二部分，与财产分配相关，政策并不受限制，因为个人收入分配并不受不变的经济规律的限制。穆勒是错误的，这不仅是因为获得财产对生产的激励效应是重要的。他的错误还由于拥有财产对企业控制也是重要的。由于同样的原因，琼·罗宾逊和其他新李嘉图主义的剑桥经济学家也是错误的，他们认为斯拉法（1960）比他们更严肃，而且也与兰格和勒纳那样认为，财产分配与财产生产不同，纯粹是一个政治问题。

财产影响生产可能性的两种途径有时也是竞争性的。普遍认为，目的在于实现财产分配平等化的税收政策有不利于激励的影响，但目的在于提高财产分配不平等的政策也是这样。这两种观点都是从个人的角度来实行平等互换，而没有考虑到它们的生产率。这两者都与由工作努力和独创性来决定收入决定财富分配的激励效应相冲突。仅仅从达到控制问题充分解决的角度来看，由纯粹私人市场作用所引起的财产分配是太不平等呢，还是太平等了，这一点并不明显。如果我们假设，所有人都同样努力而且勤奋工作，他们的努力所引起的不平等程度太小，以至于无法解决大企业中的控制问题（尽管在平等竞争时偶然事件也会引起相当大的不平等）。如果我们假定，所有人在生产率方面差别很大，少数人的生产率比大多数人高得多，那么，结果就是非常倾斜的财产分配，而且，这可能是太倾斜了，以至于仍无法充分解决大企业的控制问题。（但
59 是，如果一些人是如此之富有，以至于他们无法充分监督自己资金的使用，那么，他们或他们的家庭就不能在长期内，在数代人中保持他们较为富有的地位。“在三代人之内从一无所有到一无所有”

是一句适用的话。）不考虑括号中提到的话，对这两种情况，如果想要更好地解决控制问题，就需要有再分配性的税收政策。在第一种情况下，政策应该加剧不平等；而在第二种情况下，政策应该减少不平等。这两种政策都改变了市场提供的获得财产的激励，在第一种情况下，政策扩大不平等就会产生很大的影响；而在第二种情况下，引起的影响很小。这种改变对一个社会来说也许代价太大了，以至于社会宁愿避免这种改变，完全依靠市场决定的财产，并放弃大企业或改善它们的控制问题。此外，从原则上说，从改善控制问题解决中得到的好处也会使可接受的市场激励有某种扭曲。

内部人交易的生产性作用

大量财产使股份投资者尽管在几家大企业中拥有集中所有权的地位但仍能维持多元化的资产组合。只有少数人有这样的财产。多数人的财产可以减少但不能消除他们具有集中所有权地位的企业特殊风险。他们仍然要承担的企业特殊风险是更大地减少控制问题严重性的障碍。为了有助于减少这种障碍，能够把获得财产与承担企业特殊风险联系起来的方法就是有用的。高度组织化的市场倾向于削弱这种联系的建立。股票所有者的收益率与系统的风险可能有正相关的关系，但与企业特殊风险并没有这种关系。资产组合多元化减少了股东承担的企业特殊风险，而且，这种多元化很容易达到使所有承担企业特殊风险的报酬都不存在。根据这种推理，在某些公司中持有少量股份的股东的收益中并不包括企业特殊风险的报酬，但持有控股股份的股东和小股东按同样市场价格进行交易；因此，控股股东也没有承担企业特殊风险的报酬。

然而，有一种补偿的方法，即建立一种适当但并不公开运用的联系。那些在其企业股份中有控股地位的股东有获得内部信息的特权，外部人和小股东被排除在外。依靠这种特别信息和股票交易
60 中抓住时机的重要性，控股股东就可以及时买卖股票，从而他们就得到了高于外部人和小股东的收益。为了能以这种方法获得财产，投资者就需要在股份中有重要的地位，而为了获得这种地位，他们就要有财产。由内部人交易所提供的这种激励制度使获得财产与拥有财产互相加强，而且又提高了减少控制问题的程度（德姆塞茨，1986）。没有某种代价就没有收益。允许内部人交易引起了小股东与大股东之间的代理问题。但是，解决这个问题就是允许适量的内部人交易。假设小股东与大股东设计了一种完全认识到内部人交易的所有影响的公司结构。这些影响包括小股东与大股东之间的代理问题，以及股东与公司管理者之间的代理问题。有效的结构一般并不包含“拐点解”，在这种解决方法中只有一种代理问题减少了，但另一种并没有减少。从小股东的角度来看，将考虑在某种程度上承认内部交易，因为把某些好处给予根据内部信息交易的大股东以便减少专业管理者代理问题的严重性是值得的。

第四篇　利润最大化与理性行为

现实的企业是使利润最大化吗？对这个问题的回答肯定会使某些人高兴，而使另一些人不满。那些把利润最大化视为一种病态贪婪的人和那些把利润最大化视为正常激励的人会以同样方式对这个问题作出不同的回答。正如我们在第一篇中所说明了的，在对价格和技术完全了解，并假设企业只为外部人生产的情况下，利润最大化是一种合乎逻辑的结果。在这个范围内，利润最大化并不要求企业所有者在作出其家庭内决策时以某种仁慈、利他的方式行事。缺乏利润最大化的愿望或没有实现利润最大化则要求，企业不是一个专业化生产单位，或者没有得到充分而完全的信息。在淡化了的完全竞争模型之外，以及在现实世界的企业中，这些要求看来也能得到满足；这就使利润最大化问题引起了实质性争论。

这些争论是非常重要的。抨击利润最大化所具有的含义已超出了纯科学的范畴，其中包含规范问题。贝利和米恩斯那本有影响的著作的全名是《现代公司与私有财产》(1933)。把私有财产放在题目后面是因为贝利和米恩斯认为，利润最大化为私有财产提供了一种社会评价标准，而且，不能实现利润最大化的公司就破坏了这一标准。从新古典经济理论的角度来看，企业的私有制创造了与利润相关的强大刺激，它指引所有者在生产任何一种既定量的产品时实现成本最小化；这种最小生产成本是有利于整个社会的，因为企业私有者之间的竞争迫使价格下降到其成本的水平。这样，企业内部在追求利润中所实现的效率就通过竞争而扩大到更广泛的社会中。如果利润动机被削弱了，成本最小化也很难成功。竞争会失去其力量和“社会控制”的含义。非资本主义经济制度比这种制度所经历的失败更多，但是，关于利润最大化（与竞争）争论的意义被大大低估了。

在本篇第一部分，我要讨论几种对利润最大化假设的比较重要
62 的批评。在第二部分，我的讨论更广泛地涉及近年来对理性行为假
设的抨击。在本篇的最后一部分，我将讨论利润衡量中固有的问题。

利润最大化与代理问题

贝利和米恩斯主要关心的是他们观察到的在现代大公司中存在的所有权与控制权分离的问题。在贝利和米恩斯写这本书之前，人们已经认识到我们将之与分散所有权关联起来的代理问题。正如我们已经提到的，亚当·斯密在《国富论》中写道：

> 所以，要想股份公司董事们监视钱财用途，像私人合伙公司成员那样用意周到，那是很难做到的。……这样，疏忽和浪费，常为股份公司业务经营上多少难免的弊窦。

1921年索尔斯坦·凡勃伦在《企业家与价格制度》中又提出了这个论题。凡勃伦认为，他目睹了公司领导控制权从金融集团手中向工程师手中的重大转移，他把金融集团定义为银行界。从凡勃伦

的著作中看不出，他是把银行家作为企业的合法所有者，还是作为他们为之提供资本的企业的事后控制者，但是，显而易见的是，他支持控制权从银行家手中转移到工程师手中，这是出于他对这两个集团的社会学评价。在凡勃伦看来，银行家的文化导致了为谋取利润的勾结和产量限制；工程师的文化导致了更多的产量和更高的效率。在控制权从所有者转移到工程师-经理中暗含了代理控制问题，但就凡勃伦的偏好所构成的检验而言，这并不是一个社会问题。

加尔布雷思与凡勃伦关于这一过程的观点相同，但对结果的偏好并不同。《新工业国》(1967)主要采用了凡勃伦的观点。在这本书中，加尔布雷思描述了控制权向技术结构阶层的转变。他的观点与凡勃伦十分相同。由于教育与文化的指引，技术结构阶层增加产量，而且增加得很多。它出售自己生产的产品并不是由于这些产品的内在价值，而是因为广告的力量引诱人们去购买他们实际并不需要的东西。按照加尔布雷思的判断，私人部门变得如此之大，而公共部门又如此之小。贝利和米恩斯的著作是在凡勃伦和加尔布雷思的著作出现之间的这个时期写的，他们所赞同的公司控制问题的观点与斯密的观点十分接近，但与凡勃伦和加尔布雷思的观点很不 63
相同。所有这些观点都有一个共同的假设：大公司的控制超出了其股东利益力所能及的范围之外。

尽管贝利和米恩斯提到了一些资料，但这些著作都是武断的规范陈述和理论猜测，基本没有经验事实。近年来对这一问题的论述既包括了正式的代理模型，又包括了经验调查研究。詹森和麦克林的一篇重要文章(1976)影响了关于逃避责任、监督和报酬制度，以及这些问题之间联系的观点(前一篇评论所讨论的)。詹森和麦克林在企业的范围内提出了代理问题，然后又研究这个问题对金融结构的含义。从70年代中期到现在，这种研究中有三条主要线索，每一条线索都揭示了所谓所有权与控制权分离的一个不同侧面。第一条线索研究公司所有权结构，第二条线索研究公司接管，而第三条线索研究管理者报酬。

长期以来，金融经济学家和会计师详细研究了公司接管。这种研究的历史长到很难确定是从什么时候开始的。曼内写过一篇极有见解的猜测性文章（1965），该文要求人们注意市场对公司控制的作用与重要性。早期的经验研究开始于有关合并对股票价格影响的研究（曼德科尔，1974）。可以把研究股票价格行为的技术轻而易举地用于接管的研究（多德和鲁巴克，1977；布拉德利，1980），而且一直延续至今。在企图揭示公司业绩与管理者报酬之间联系的强度时他们考察了管理者的报酬（卢埃林，1971；詹森和墨菲，1990）。公司所有权结构与代理问题的相关性已成为一个研究题目（德姆塞茨和莱恩，1985）。这三条研究线索都与控制直接相关。所有权的集中足以引导管理者为所有者的利益服务吗？当管理者不会受到所有者的惩罚时，恶意接管能重建所有权与控制之间的联系吗？管理者报酬制度的良好实施足以替代集中所有权和恶意接管吗？在此不可能得出确切的答案，但可以有所进步。

从公司所有权结构研究中得出了两个结论。第一，甚至美国一些最大公司的所有权也比贝利和米恩斯讨论分离问题时所认为的更集中。《幸福》杂志500家最大公司中5家最大股东利益集团平均而言总共拥有全部上市股份的1/4多，这个比例甚至比西欧（英国除外）和日本公司都大。像这样的所有权地位的重要性足以影响专业管理者进行工作的方式。一些特殊公司的所有权结构围绕这个平均值变动，而且，这种研究的第二个结论是，当集中所有权对所有者的 64
利益超过成本时，所有权会更加集中。因此，所有权结构要受内部考虑的影响，而且，它的形式与对利润的追求相一致。以前的文献把所谓的所有权结构分散简单地作为一种既定的外生事实。提高所有者控制的那种所有权集中是有代价的，这主要是承担企业特殊风险。由于认识到了这一点，放弃所有者完全控制可以使成本最小的观念就是正确的。考虑到所有者财产所包含的风险，如果所有者对超大型企业的控制小于全面控制，那么，所有者就可以实现效用最大化。真实的生产成本最小化应该考虑到这种风险部分。没有对管理者的全面控制本身并不会破坏私有财产制度的社会吸引力。

除了在一般大公司中重要的所有权集中以外，还存在一个可以借以控制专业管理者的活跃的公司控制市场。现在，对公司接管的经验结论作出权威性解释的理论是，在专业管理者不良行为日益增长的情况下，接管是一种正确的反应。应该注意的是，实际上非常成功的接管的一个重要结果是所有权的重建，这种重建使所有权比在接管之前更为集中。在这方面，公司接管并不是一种对加强所有权结构的替代；在遇到反对时这是更快地实现集中所有权的一种方法。

接管使目标公司的股票价格有相当大的上升，即上升了30%左右。这种情况被认为是反映了对原有管理者的替代与企业重建。企业重建通常引起出售还没有带来多少利润的资产，但这种利润被以前的管理者占有了。另一些理论用来解释说向目标公司股东支付了大量酬金。一些人把这种酬金归结于对目标公司利润占有权的一种变通形式，这种变通形式以损害另一部分股东的利益为代价而有利于某些股东。另一些人不是把这种酬金归结于对低效率管理者的替代，而是作为发现了其管理者比市场估计的做得更好的企业；这种使判断失误公司股票价格上升的信息通过接管企图而透露给市场。最后，第三种观点把“赢家的祸根”（罗尔，1986）作为对目标股份酬金的解释。那些成功地获得其他企业的企业在与其他获得者的潜在或实际竞争中这样做的原因是因为它们高估了目标的价值。这种高估反映在对目标股份支付高价格上。对于围绕恶
65 意接管资料不同解释的力度我们还没有更多的证据。

在所有权集中和恶意接管之后的一条思路是用于激励管理者的报酬计划。对管理者报酬的研究正在进行之中（例如，可以参看收入本书中的有关管理者报酬的评论）。有限的研究已大大表明了公司业绩与管理者报酬之间的联系是微弱的。尽管股东财产微小比例的变动会转化为管理者收入较大比例的变动，但只要股东财产有一点变动就会透露出管理者报酬的变动。隐含在业绩与报酬之间的平均或一般关系在各公司中的差别也相当大。已经有人提出了管理者报酬对与企业特有风险相关的业绩敏感程度指数（马尔道赫，1991），这个指数表明，企业经营的环境越不稳定，从而对管理者的监督和惩罚越困难，越重要，所用的报酬制度对业绩也就越敏感。这与随着企业特殊风险增加，所有权越倾向于集中这一事实相一致。所有权集中与报酬制度敏感性相关就好像它们在引导专业管理者时是互补的工具。

管理者报酬制度的微调是服务于股东利益的，但是，这比一般人所认为的要更加困难。股票价格波动的原因与管理者的素质没有什么关系。这种波动是对利率、天气、和平与战争、政治选举等

变动的反映。在管理者报酬和股票价格之间建立一种密切的联系就向管理者表明，报酬的变动是由于管理者所不能控制的因素。管理者面临着冒险者的报酬，而且，可以要求更高的平均薪金来补偿这种更大的风险。但是，管理者的团队结构不仅使得把业绩报酬分给管理者团队的每个成员是困难的，而且使得在管理者与股东之间分享这种报酬也是困难的。管理团队是由重要的股东通过董事会选举出来的。由控股股东得到的良好（或不良）业绩价值中的一部分会被作为激励给予那些精心选择的高层管理者。最后，认为总经理（CEO）的报酬应该是或设计成与总经理的实际生产率相联系的思想可能是错误的。有关比赛报酬的文献表明，即使高层管理者什么也不做，股东向总经理支付高水平报酬也是明智的，这是为了激励低层管理者在与现在成功的总经理进行竞争中勤奋工作。

这所说的一切表明，大公司中管理者报酬制度与企业业绩的关系似乎是微弱的。尽管这种制度的目的之一是把报酬与业绩联系起来，但看来这种制度的设计并不好。例如，报酬往往与股票价格相联系，而没有考虑到与同行业中其他企业的股票相比的股票状况 66
如何。通过按竞争对手企业的业绩来使股票价格规范化，一个企业的报酬制度就能够避开某些由于管理者不能控制的因素引起的股票价格变动，这就可以认识到自己管理者的非凡业绩。在第六篇评论《管理者报酬与比赛理论》中，我将要回到这里的某些问题。

没有代理问题时的利润最大化

在40年代到70年代之间出现了三种对利润最大化假设的值

得注意的批评，这就是西蒙(1947)、阿尔奇安(1950)和莱本施泰因(1966)的批评。在这一部分将讨论莱本施泰因的X效率概念和阿尔奇安对自然选择的应用。下一部分将在更广泛的范围内研究西蒙引进的有限理性。尽管贝利和米恩斯的著作中提出的代理问题是对利润最大化假设的批评，但这三位经济学家没有一位注意到这本著作。

在新古典理论中，实行最大化的是个人，但是，看来个人最大化所依靠的是，他是否注意家长或企业所有者的作用。企业所有者要使利润最大化，但家长要使效用最大化。前几篇评论在有关分散化是非的争论中已经为这种二分法的有用性作了辩护，斯密和重商主义者之间的争论正是从这个问题开始的。为了使企业所有者成为企业产品的重要消费者——允许把利润用于满足所有者某些能带来效用的目标——我们把自给自足的手段引入经济化问题中，并减轻了人们对协调相互依存的专业人员活动的价格制度这类机制的依赖程度。

让企业所有者和家长分别保持利润和效用最大化是为解释价格制度的目的服务的，但企业内部发生的情况改变了我们的观点。显而易见，在**现实**企业中拥有财产，进行管理和工作的个人要实现效用最大化。如果所关注的是企业内的代理问题，那么，注意专业管理者效用最大化与利润最大化之间的差别就是有用的。但是，不要把这一点与**所有者**的效用最大化行为混淆在一起。当所有者使效用最大化，而不是使利润最大化时，并不涉及代理问题。所涉及
67 的全部就是这样一个事实：当所有者在企业内进行消费而不是在家

庭中进行消费时，效率可能更高。[①]

这种考虑在评价哈维·莱本施泰因(1960)用X效率来批评新古典理论企业利润最大化假设时起了作用。西蒙和阿尔奇安的著作比莱本施泰因早，但与这两位经济学家的批评不同，莱本施泰因并不认为企业所有者不能实现利润最大化，而是他们中的许多人实际上没有实现利润最大化。在莱本施泰因看来，企业所有者在追求足够多的利润中的失败时就要求考虑这样一个事实：我们是否了解经济的功能。他把这种失败归因于所有者–管理者的无能。

虽然新古典理论没有明确论述能力问题，但这种理论作出主要结论所依据的完全竞争模型使用的假设意味着，所有的所有者在追求利润时是完全有能力的。并假定所有者对价格和技术完全了解，他们运用正确无误的逻辑，并且具有同样强烈的追求利润最大化的动机。才能不是作为一种由于人与人的素质不同而变动的能力。这种差别主要来源于缺乏知识，低下的思维能力以及不同的动机，但新古典理论假设这些可能性不存在。利润最大化被假设为企业所有者唯一的、一致的动机，而且假设拥有利润最大化所需要的全部知识。

① 关于这种混淆可以追溯到西托夫斯基(1943)所写的一篇有影响的评论，在这篇评论中他指出，企业的产量可能低于利润最大化所要求的数量，这是因为典型的所有者–企业家的效用最大化往往使他们沉湎于某种对闲暇的嗜好之中。当所有者没有把“全部时间”用于企业时，企业所实现的利润显然就要小于所有者不享受闲暇时所能实现的利润。显然，这是一种错误的推理。企业所实现的部分利润以享受闲暇时间的形式给予了所有者。因为他对这种闲暇时间的偏好大于所牺牲的货币利润，所以，闲暇时间价值和所实现的较小货币利润之和大于没有闲暇和更多货币利润之和。在本质上，通过比较牺牲可以有其他用途的时间而获得闲暇，所有者用一种有效率的方法“出卖”(通过不生产)企业的潜在产量以消费更多的闲暇。

尽管这些观点来自事实上并不正确的假设，但为这种理论适用性辩护的人一再指出它对预期的用处。例如，演进过程的选择标准是依据赢利企业生存下来，而不赢利的企业失败(以后将更充分地讨论这种观点)，但是，引起成功的形式可能正与新古典价格理
68 论模式一致。然而，应该承认的是，这个模式的建立并不是要预测企业的成功和失败；它的建立是为了有助于理解价格制度的协调作用。认为这种理论的失败是因为假设企业所有者的充分能力，这是误解了它的适用范围。这种理论是要阐明一个分散社会中协调机制的奥秘，而不是要阐明其行为被协调的个人的信息与能力基础。一旦放弃了这种理论的适用范围，它的有用性就要减少，而且，在**管理**协调方面，情况更是如此。对于分散与集中仍然存在着激烈的争论，而且，没有理由可以认为，仅仅由于决策者是根据不完全信息行事的而认为相对于集中控制而言，价格制度的协调作用有什么基本差别，或有什么严重损害。

对所有考察过现实企业的人来说，所有者在才能和业绩方面的差别是一个显而易见的事实。因此，奇怪的是，莱本施泰因可以使用价格理论的这样一个假设：企业所有者在利润最大化中的成功意味着，现实企业中的现实所有者实际上总是成功的。莱本施泰因的研究给人的印象是提供了有关企业业绩差别的资料。这些研究包括了各个企业，甚至包括了似乎生产相同产品或高度相似产品的各个企业的利润率与生产率差别的证据。

他用这些研究来证明对新古典理论的批驳，他说明了，新古典理论把低效率的来源确定为价格和边际成本之间的差别，由垄断而产生的差别、关税，以及其他有损于竞争的产出率的因素，而不是

企业家在竞争性追求利润中的失败。如果这种分析正确，从中得出的结论就是，新古典理论没有去分析企业家在其企业内的行为，只是分析了价格制度的运行。垄断、关税等都有损于价格制度作用的发挥。这就是这些因素在该理论的精心构建中起了决定性作用的原因。莱本施泰因说明了，与来自企业在采用最适用技术和确定工作方法中失败的低效率相比，来自这些不利因素的低效率是很小的。莱本施泰因把来自所使用的最优技术为既定时产生了不适当产出率的新古典低效率称为配置低效率。他把来自采用最优技术和确定工作方法失败的低效率称为X低效率。X低效率产生于企业家生产物品时实现最低可能成本函数的失败，而且，这可以说明即使一个行业是高度竞争的，并没有关税和其他限制配置效率的管制时也会有的资源浪费。所关心的似乎是X效率比配置效率重要得多，它确立了能力对经济业绩的重要性。显然，尽管一些企业被认为也取得了生产率的大幅度提高，但是，这些企业并没有采用已知的技术，并把工作放在激励上。 69

现在，可以从不完全信息的现实世界的理性行为中预见到采用技术和确定工作方法的错误。正的信息费用意味着这类错误，没有一个人具有准确地描述决策内容的完全信息。但是，莱本施泰因所用的研究表明，比短暂行为更多的是随机发生的失误，而且，这就引起了在研究企业内部事务时对完全竞争理论适用性的怀疑。

除了根据完全竞争理论所适用的目的来为之辩护以外，还有其他两种辩护。一种是对这种理论的批评误解了该理论关于才能低下所要论述的内容。另一种是它们错误地解释了证据。

如果我们假定，正如莱本施泰因和我们大部分人所说的那样，对新古典理论产生了误解，那么，这意味着竞争迅速地清除了能力低下者。新古典理论并没有动态的内容，而且，即使是在静态均衡中，能力低下也是可以存在的。这种理论要求，犯错误的人承担他们无能的代价。承担这种代价减少了能力低下，但并不能完全消除。如果承担这种代价是企业所有者实现有利于他们利益的其他目标所必要的附加成本，那么，他们会愿意承担自己能力低下的代价。由于可以适当地把这些其他目标作为工作中的消费，所以，一旦我们回到关于企业内部运行的考虑，就可以用效用最大化来替代利润最大化。即使一个人自己企业的经营状况很糟，他也会从自己当“老板”中得到相当大的效用，而且，只要他的财产允许，他就可以沉湎于这种偏好中。

我们更进一步来探讨这种情况，我们可以认为所有者的活动有两个内容：为其他人生产产品以及为所有者消费生产产品（就是自己做老板）。我们不能从第一种产品生产中无能的存在而得出所有者在总体行为中都无能的结论。在生产别人消费的产品中的无能可能正是所有者获得自己当老板的快乐的最廉价的方法。如果由那些作出经营决策中能力更强的人拥有这种低能力所有者的资产，那么，这种低能力所有者企业资产的价值就要减少了。但是，如果仍然由那些经营能力低的人拥有这些资产，那么，从理性（效用最大化的）行为假设就可以推论出，这些资产已经用到了它们价值最高的地方了。因此可以认为，经营无能力的表现是一种假象，而且，一旦理解了经营行为的全部结果，低效率就不存在了。资产应该交
70 给这样的人控制：他们或者是在工作中消费为既定时能得到更多利润的人，或者是在利润量为既定时能得到更多工作中消费的人，但

是没有交给这两种人就意味着是低能力的必然结果。[①]

那些由其现在的所有者更多地用于工作中消费的企业的市场价值被压低的原因有两个。第一是在潜在所有者中普遍存在的对利润的嗜好要大于现有所有者行为的指导；第二，现有所有者拥有充分的财产使他们可以保持工作中消费。一旦认识到企业资产得到效用的可能性，不用违背新古典理性行为假设就很容易说明，在均衡时这些企业的市场价值会被低估。新古典理论所要求的一切只是，那些在工作中消费的人承担他们消费的成本。

由于“无能地”管理企业可能生产一种未被记录的产量——所有者的工作中消费，所以，按传统的衡量标准就会低估它们的生产率。传统衡量标准集中在为了向别人销售而生产的产量上。像每单位投入品物质产量这样的生产率指数将错误地给出低效率的证据，因为这些指数并没有重视所有者从继续经营自己企业中所得到的效用。只要这些所有者能在不放弃这些企业控制权的情况下这样做，他就会为更有能力而感到高兴。之所以产生衡量标准的错误是因为世界并不像新古典理论在提出完全竞争模式时暗中假设的那样专业化，某种程度的自给自足是存在的。并不是所有的消费都是在企业之外和家庭之中进行的；企业生产某些东西不是要卖给其他人，而是由所有者在工作中消费的。

---

① 施蒂格勒（1976）用一种类似的内容批评了 X 效率的概念。他并没有提到所有者-管理者的效用，而是提到了使工人与社会快乐的生产，但是，认为主要向社会和工人提供快乐，而不是向所有者提供快乐，就说明了低效率的出现是不正确的。如果工人得到了快乐，这种快乐的价值就反映在工资降低上，如果企业给社会提供了服务，公司从国家得到的就更多了。如果是这种反映的话，这些快乐就不是企业资产收益率下降的一个来源。

我强调了在**所有者**的工作中消费是非常有意义的。如前所述，包括雇用的管理者在内的雇员也会发现工作中消费是有效率的，但理论断言，与所有者不同，他们要通过降低工资来为这种消费进行支付。当决定是否向某一家企业提供自己的劳务时，有远见的雇员会把工作条件与可供选择的工作联系起来考虑。这种知识是重要的，因为现实的工人把他们生活中的大部分时间用于工作，为了使
71 这样做对自己来说是值得的，就要考虑到企业提供的快乐。对他们来说，工作中消费可能比家庭中的消费更有效率。只有工资单上报酬的减少与雇主向工人提供的较好工作条件所支付的费用相当，希望成为雇员的人才能成为实际的雇员。一个追求较好工作条件的工资收入者接受了较低工资，实际上就是在企业中而不是在家中进行了消费。当这种工资成本的降低或生产率的提高足以补偿享受的费用时，企业所有者就会向工人提供这种享受。因此，没有什么理由可以预期，雇员的工作中消费会使有记录的利润下降。

这种推理的大部分也适用于所有者的工作中消费。把这一点概念化的方法是把所有者作为使收益和为其他人拥有的投入品的支付量之间差额最大化的人，然后把他们作为将部分利润，现在为他们的个人财产，用于购买工作中享受的人，这就和他们把利润带回家并在家中消费一样。用这种方法来看，所有者的工作中消费就不会有损于所有者追求利润最大化假设的有用性了。但是，只有在所有者的工作中消费与企业通常如何生产和销售产品无关时，这种看法才会发生作用。可以认为，利润最大化导致了效用最大化，唯一的差别在于是把一幅精美的艺术品挂在所有者家里的墙上，还是挂在办公室的墙上。

简单地在室内使用(赚到的最大化)利润并不能保证某些工作中的消费,通过改变企业资产构成与使用的方法,通过这些资产的所有者选择生产的产品性质也可以保证这些工作中消费。一个拥有一家报纸的人可以从影响读者的政治态度中得到效用(这一点是有证据的)。[①] 迎合这种偏好会损害利润,因为读者对给予他们的新闻和采编中所不断表现出来的所有者的政治哲学不感兴趣,而且,与目的仅仅是利润最大化的报纸相比,这种报纸肯定要改变自己的报纸内容。如果所有者产生了这种偏好,那么,把他的报纸作为一种企业就无法很好地做到这一点。然而,如果所有者从影响读者的政治观点中得到了足够的效用,那么,企业的利润减少和以不同方法使用企业资产就是实现效用最大化。把精美的艺术品挂在办公室墙上而增加企业的费用不是唯一的服务于所有者的工作中消费的方法,还可以通过改变企业销售的产品来实现这一点。效用最大化要求控制企业的资源和所涉及的产品,如果把利润最大化假设用于这种情况,就会产生误导。换个说法,企业不仅要印出新闻和广告,以此作为计算利润依据的产值,而且还要灌输其所有者的政治观点。在计算真实利润时应该考虑到所有者由这种灌输中所得到的暗含的收益(即由此得到的效用的价值)。有记录的利润忽略 72
了这种暗含的收益,这是因为它并没包括在流入企业的显性收入之中。正如他的雇员的情况一样,偏好在工作中消费的所有者,在竞争的压力下必须以最低的成本提供服务;但由于他的报酬是作为利

① 参看我的《效率、竞争和政治》一书第 17 章“报纸潜在的享受与总统竞选的报道”,1989 年,第 245—262 页。

润获得的，所以，这正意味着，他愿意自己的企业获得较低的利润。

还应该承认，创造一种效用最大化理性来解释明显能力低下的减少是很容易的。我们不能以令人信服的形式对效用函数及其推论进行检验。即使考虑到利润最大化企图，从原则上说也没有什么因素能排除能力低下！如果在人类行为中能力低下是普遍的，那么，从人类行为应遵循利润或效用最大化指导原则的假设中所得出的预期将要经常背离标准。迫切需要给“能力低下”下一个定义。能力低下不是指仅仅由信息有代价这一事实而产生的错误，因为正确地运用最大化原则可以预见这些错误。获得好信息的费用越大，这些错误就越严重，越频繁。

阿尔奇安对利润最大化假设的批评与能力低下没有什么关系。这种批评所根据的是事前了解利润最大化解决方法的不可能性。管理者决策的获利能力与世界状况的概率分布是相关的。并没有一种可以确切地具体化的特定状况，而且，在不同的世界状况之下，不同的决策会得出同样的结果。阿尔奇安认为，在这种状况下，事前认为某种决策是利润最大化是没有意义的。[①] 可能的情况是，由于有许多不同的政策，所以，每一个不同的管理者集团都可以把对自己有吸引力的政策描述为利润最大化政策。

阿尔奇安支持用自然选择替代理性行为作为判断成功和失败的标准。他采用的自然选择标准是正利润。尽管不同企业的所有

① 奈特认为，阿尔奇安所指出的困难是风险，而不是内在不确定性。根据奈特的观点，有意义的是企业家预期的利润最大化这种观念。阿尔奇安的著作是在奈特之后写的，但在此之前，贝叶斯决策已经回到了讨论决策之前的风险、不确定性和限制条件问题。

者-管理者作出了不同的经营决策，但其中没有一项决策可以根据事前的情况令人信服地作为理性最大化的，甚至根据事后的情况也不行，经营环境选择了有正利润的企业生存下来。生活中充满了风险和不确定性是毫无疑问的；也有许多不可预见其成功与失败的事实。经济制度选择了成功者与失败者，产生了利润与亏损。如果成功和失败是可以完全预测的，那么，就不会有失败，而只有成功的 73
正常收益了。与理性选择不同的自然选择在发挥作用，但是，在面临不完全信息时也并不排斥理性行为。

把正利润作为生存标准有一定道理，有正利润的企业不会遭到失败。它们要生存下来，一次次地进行经济竞赛，还有一些有正利润的企业知道要退出经营，这也许因为它们预见到了暗淡的前途。而且，当遇到要确保资本和其他资源时，正利润率低的企业比正利润率高的企业困难，据认为这是由于拥有资源的人将退出经营的概率更高。因此，尽管阿尔奇安所依靠的是把已实现的正利润作为适当的自然选择标准，但是，经营环境看来是根据未来获利性大小的预期决定哪些企业更容易得到资源。整个这一段的文字都暗示着至少有理性地行事的企图。资源所有者的行为看来是追求更高的利润，而不只是正利润。资本主义的选择标准看来是更大的利润预期，而不仅仅是正利润的实现。当然，资源所有者所作出的预期并不需要比企业利润最大化的企图有更多的含义，而且，我认为，阿尔奇安可以宣称那些（偶尔地）碰巧作出更好预期的资源所有者积累了大量的资源，而其他人的资源则被耗尽。[①]

---

① 重要的是要认识到，如果我们把经营环境作为生存标准，那么讨论的限度就确

资本主义的选择制度是更大的利润或正利润，不要把它作为进化的自然选择制度。自然界的生物与企业组织之间的类比是诱人的，但也是不完全的。为了适应于生物界，自然选择提出了一种生存标准，这种标准对生物的行为来说主要是外生的。冰川时代、干旱、火山爆发或类似因素选择了某些类型的植物与动物，而放弃了另一些。由这些事件所决定的选择标准与受其影响的生物是毫无关系的，而且，进化选择的是生物，并不是它们的制度。阿尔奇安的正利润标准不是外生的，也不是人类的特点，而是资本主义制度
74 的特点。它来源于人的决策，这些决策是由那些拥有、控制，并向企业提供资源的人作出的。

至于标准本身，是什么原因使所有者把正利润作为他们决策的指南？为什么他们拒绝把资源给予那些发生负利润的企业？在这里，从比阿尔奇安所注意的更深的决策层次上看，暗含着非随机性的、完全可能的最大化行为。为了消除这种最大化行为的隐蔽性，我们就需要一种选择标准，这种标准本身并不暗含着对理性计算的依赖。如果正利润是选择标准，那就必然会提出这样的问题：为什么对正利润偏好的人要由自然决定的外生条件来选择？比这更重要的是，通过自然选择过程人类所面临的状态应该长到足以使之内

定了。如果环境扩大到包括政治制度，我们似乎可以增加其他生存标准——例如企业规模。克莱斯勒公司、大陆银行和宾夕法尼亚铁路公司尽管有负利润但仍成功了，因为它们由政治机制给予紧急援助，这种政治机制不允许这些重要企业失败。可以认为，这些紧急援助构成了利润的来源，而且，有些企业表现出破产的预兆时非常幸运地吸引了政治上提供的资金。但这种情况已经变得十分经常了。有利于生存的任何一件事都可以称为幸运的结果。更为有用的是要认识到，政治制度赋予某些企业与用纯市场检验的企业不同权势的特点；这个问题成为竞争性政治制度的一种存在。

在地形成这种对正利润的偏好。在没有与这种状态相关的证据，或者在没有关于这一点的令人信服的（理性的！）推理的情况下，我们可以有把握地假设，生存条件要求人们偏好更多的利润而不只是正利润。

如果我们认为，典型的资源所有者（或顾客）并不喜爱正利润，而是根据随机选择把资源给予提出要求的企业，那么，暗含的理性行为对这些人就无用了。不幸的是，我们没有理由放弃只有正利润的企业才能存在下去的看法。[①]

换言之，我们可以认为，一些资源所有者愿意向有正利润并提出要求的企业提供资源，而另一些资源所有者愿意向负利润企业提供资源，这样就排除了"典型"资源所有者的概念。可以认为，如果第一个资源所有者集团是投资者，那么，他们比第二个集团更愿意扩大自己的资源。可以认为第二个集团更愿意在没有投资收益的情况下行事，但是要这样认为，就要求我们进一步作出一些没有保证的假设：(1)这一时期有正利润的企业在下一个时期更易于成为有正利润的企业，(2)存在与破产法相当的东西；这每一个前提又都引出了暗含的理性行为的可能性。

把工商企业与自然界的生物进行类比还会陷入另一个困难。在自然选择的生物界，存活下来的个体都把后代留在了世界上。这就引起具有双亲特征的遗传传递，其中包括使它们适应于自然选择标准的生存能力。工商企业不具有类似的再生产过程。我们可以

① 阿尔奇安很有见解地讨论了会导致某些生存形式的随机选择的方法，但是，看来这些生存形式仍取决于正利润标准的存在。

75 预期，一些工商企业能满足环境的检验，而且我们可以进一步认为，一定时期内一个既定的工商企业的内部存在着一种文化传统（纳尔逊和温特，1982）。成功的企业一直保持着自己的特点。我们没有理由认为，成功的企业是通过与繁殖后代相似的过程复制出来的。

我们知道，资源一般以进入者的形式迅速流动到有利可图的市场上，而且，资源还倾向于利用那些过去已在这些市场上取得成功的组织形式。看来这有点像传播，但这并不是传播。如何说明这种资源流入呢？阿尔奇安根据的是模仿行为，这就是指企业会模仿那些用利润标准来衡量那些成功的企业。但是，模仿行为看来很像是理性的、有追求目标的行为（尽管模仿成功者只是人的生物属性）。看来企业要模仿就需要预期与合乎逻辑，并不是一种随机选择（不考虑混沌理论）。此外，在阿尔奇安所关注之外的另一个计算层次上，也存在对理性行为的有力支持。

我的意思不是要否认进化论对理解工商企业的有用性。阿尔奇安对这一问题的见解有助于打破新古典理论毫无批评地依赖的一个观念：理性行为是经济行为的指导性考虑。他早期对进化过程适用性的认识激发了许多其他学者的工作，而且这是值得高度赞扬的。但是，在这个范围内进化的运用往往很快否认了自然选择会激发有目的行为的潜力（正如我们所确定的），通常就采用了某种替代标准而又没有使它受到批评性的检验。[1]

例如，贝克尔（1962）证明了，预算限制意味着，即使购买行为

---

① 奈特也和阿尔奇安一样怀疑理性解释许多人类行为的能力，但与阿尔奇安不同，他认为，企业行为是一个应该考虑到某种理性的领域。

不是理性的，需求曲线也将向右下方倾斜。预算限制的作用是把选择分为可行的与不可行的两部分。如果允许产品价格变动，消费者的购买将反映出向右下方倾斜的需求规律，这是因为消费者不能购买使他们违背自己面临的预算限制的一堆物品，并不一定是因为消费者把理性行为公理运用到了自己的选择中，这就令人满意地证明了预算限制的力量。此外，正如在我们的模型中用理性行为来证明不必要的奢侈品一样，这并不能完全令人信服。看来像阿尔奇安的分析中所提出的那样，它仍然受隐含的最大化之苦。

实际上，消费者在用信用卡购买时就突破了他们的预算限制，信用卡使他们的债务可以大于他们的收入。没有一种自然规律禁
止这种行为。归根结底，是经济制度施加了它的惩罚，限制了这类 76
过分的行为，但当这样做时，它的作用就好像是由有目的地追求限制损失的行为所引导的。预算限制中的“限制”是经济制度的产物，而经济制度本身是个人行为的产物。之所以提出限制是因为人们不愿意把物品给予那些无力为这些物品进行支付的人，而且，他们也不愿意向那些不能偿还贷款的人提供贷款。当慈善部门和政府的再分配因素发生作用时，预算就不再是一种约束性限制了。看来有效的限制取决于狭义利己的保护。

当然，归根到底取决于自然资源供给的总预算限制着社会及其成员可以得到的机会。这种限制并不完全是外生的，因为欲望与偏好也影响供给的定义，但是，在既定的技术状态之内，自然给出了一个终极限度。某些个人行为所消耗的自然资源要比另一些人更多，或者说，他们无法使资源扩大很多。最终这引起了“低效率”型的行为不能再持续下去的局面。根据这一点可以预见到低效率

的行为最终会结束。

俄罗斯和东欧正在经历的情况显然适用于这里所讨论的问题。这些国家过去所用的组织方法依靠了一种（软的和有补助的）预算限制，这种预算限制与资本主义社会普遍存在的（硬）预算限制不同。建立并确定这种软预算限制的条件使得这种限制所要求的总补贴量和再分配破坏了硬预算限制的惩罚力量。产生并维持“东欧式”预算限制的政治-经济组织失败了，因为即使按铁幕后面偏好的物品来定义和衡量生产率，生产率也下降了。最后，这些社会的资源基础比那些以此为生的人所愿意容忍的消耗得更快。

可以用不能生产人民需要的物品来解释这些经济的失败，但是对这种制度的否定不是简单自发的，这就正如一种灭绝的物种仍可以活到冰川时代一样。没有什么可以禁止东欧继续忍受生活水平的下降。日益增长的贫穷仍可以维持许多年。理性选择或进化选择都不能消除这种错误。一旦行动的过程开始了（无论这是由人决定的还是由自然选择决定的），这种行动随后就会使满意程度小于已作出的另一种选择。选择走上共产主义道路的社会认为，这个行为过程要比在当时他们所面临的另一种选择好。一旦开始了这个过程，改变道路的代价就比作出选择之前大。可行性选择趋势的
77 时间依附性会引起一种没有沿另一条路走的无法消除的遗憾，但这种遗憾既不表示当初作出选择时错了，也不表示现在想改变这条道路。在继续走这条路代价变得如此之大，以至于转向另一条路变得可行之前，对这条路的信任还会持续相当长时间。

已经作出的、引起遗憾的选择并没有什么是必然不合理的或低效率的，但除了把遗憾解释为一种要求理性地行事的反应（由进化

所引起的）之外，很难有其他解释。失败引起了不满，而不满又激发了寻求变化，通常这种寻求就是力图找出另一条值得模仿的道路。产生不满并企图把这种不满外在化为某种事物的能力，即模仿其他道路的可能性，可以是进化力量的产物，但这些反应与我们所说的理性行为是完全一致的。如果是这样的话，那么，继续假设人们有能力，而且也经常是沉湎于理性选择中就对社会科学没有什么损害。

由于进化消除了失败者并选择了胜利者，所以，把这个标准运用到人类的情况就能很好地回顾过去，说明现象之间关系的规则，并把这些规则用于相似但并不一定完全相同的现象。如果这种能力与固有的品质相关联，那么，就可以把它扩大到以后各代人中，并以理性行为而为人们所熟悉。

对理性行为的更广泛思考

理性行为是一个经常写到的题目，而且在许多不同的范围内被论述，因此，一篇评论的一个部分不可能包括它的许多分支内容。在这里，我首先集中在奈特的不确定性和西蒙的有限理性上，说明这两者都无助于指导行为或分析行为。然后，我将提出，当信息严重缺乏时我所认为的评论决策问题更有用的方法是什么。最后，我要驳斥近年来提出的行为非理性的证据。

奈特和西蒙

最早对理性行为的重要挑战是由经济学家奈特所提出的。他的《风险、不确定性和利润》强调了不确定性对决策的影响。他用不确定性来说明在不完全信息（但仍有某些信息）的竞争均衡时利润存在的合理性。不确定性被定义为决策是在极其缺乏背景知识的情况下，以至于对可能出现的结果的概率估算成为不可能。没有这些概率估算，理性计算就成为不可能。但是，即使是在不确定条
78 件下也必须作出决策。在这种情况下奈特用人的感情来代替理性计算，即依靠乐观或悲观这类心理气质来指导选择。[①]

在奈特的著作发表1/4世纪之后，赫伯特·西蒙采取了和奈特相似的态度。奈特把理性计算的不可能归因于缺乏经验，而阿尔奇安和莱本施泰因把非最大化行为归因于不充分信息和设计不良的激励；与他们不同，西蒙在其《管理行为》(1947)中推论，非最大化行为是人类智力有限性导致的必然结果。他把这种有限性称为**有限理性**，并且说明了，如果决策问题如此“复杂”，以至于这些问题的理性解决所要求的智力超出了人所具有的智力，那么，有限理性就要起作用了。

在早期著作中，西蒙倾向于把经验原则和组织化的安排作为一种工具，用这种工具对复杂的问题就能以接近于可接受的费用加以理性解决。这就使得这些安排可以对复杂问题作出理性计算的反应。但是在后期著作中，他对有限理性的解释有所不同。我们可以把这种解释称为**强形式的有限理性**，而以后紧接着的讨论只关心这种强形式的有限理性主张，人们不能理性地解决复杂问题，因而只

① 除此之外，奈特还主张，只有少部分人类行为可以根据理性行为来解释，大部分行为要用游戏来解释。但是，这些主张并没有证据证明，也没有在理论上得到发展。我也就不进一步评论这些观点了。

能用满意的决策标准来替代最大化的决策标准。满意的行为表现为决策者希望得到虽然不是最优，但超过了最低可接受满意度的客观标准的结果。

最大化依靠了一些已知的原理。当一阶导数为零时就达到了静态值，当这些静态值具有负的二阶导数时就达到了最大。没有什么能像这些原理一样确定满意程度。什么是满意的或什么是不满意的是心理学和情感的问题，而且，西蒙用满意来替代理性最大化就很像奈特用情感来替代理性计算。理性计算意味着根据一种原则性方法来进行选择。在实践中这也许较为困难，其中涉及成本与收益的比较。但是从概念上说，企业所有者把他们预期的成本与收益函数作为他们对最大化的判断是可能的，而且，由此出发我们就可以判断他们是不是按照与效用或利润最大化一致的方式行事。根据类似的理论原则不能断言那些没有实现全面最大化的已实现的结果，是由于用情感或满意替代理性计算而获得的。因此，要构 79
成一种在原则上可以用于否定关于决策者用满意或情感代替理性计算断言的经验检验标准，即使不是不可能的，也是较为困难的。

要否定这一切，较为困难的是因为无论西蒙还是奈特都没有提出明确的经验标准，以便用于确定什么时候应该放弃反映了代价高昂的知识的理性行为。在奈特和西蒙看来，理性计算是令人偏好的作出决策的方法，如果不确定性和复杂性没有使决策问题复杂化，它将是有用的；但是只要决策问题包含了复杂的或不确定的变量，就可以预见到要根据情感和满意作出决策。但是，什么标准能使我们确定什么时候这种情况是可以控制的呢？

如果只是考虑到要获得更多信息的费用（正如施蒂格勒所论述

的，1961)，或者考虑要作出更多智力努力去达到一个解决的代价，那么，奈特和西蒙对决策问题的论述就与他们应该论述的有所不同。如果把更多的资源用于解决问题，那么，作出决策的前景就取决于作出失误较小的决策所要求的信息费用。这会导致较好的经验原则。奈特和西蒙所采用的排除这种情况的观点使人类行为缺乏连续性。在奈特看来，当经验不能达到风险计算的水平时，不连续性就出现了；在这时，情感反应就代替了理性反应。在西蒙看来，当简单与复杂问题之间的界限交叉时就出现了间断性；在这时满意就代替了最大化。[①]

奈特明确地区分了风险和不确定性。风险事件包括根据我们的经验可以确定其结果概率的事件，而不确定事件是我们无法确定其结果的。不确定性依赖于完全不可确知的事件。西蒙把理性计算作为简单问题的解决方法，但是，如果问题复杂的话，就要求满意的行为。当然，人们对于看来在本质上接近于奈特称为不确定而西蒙称为复杂的事件可以形成，而且也形成了预期，否则决策者将会停止行动，当然，可以把这种无所作为解释为关于做事与不做事好处预期的一种反应。实际上预期确已形成，也许是依靠情感，所
80 以，奈特不能否定预期的存在。他真实的意思应该是，预期与现实并没有必然的关系，但未知构成了我们没有经验的结果的概率基础。与此相反，奈特对风险决策情况的论述好像是可以把根据过去

① 为了一致起见，我们承认，当对决策进行理论化时，理性被排除了。那些分析人类行为和同意奈特和西蒙观点的人处于对其决策理论的理性严重怀疑之中。这些人和他们所研究的行为的那些人一样漫无头绪，因为他们所研究的问题非常复杂，甚至复杂到缺乏任何经验，以至于要求助于奈特和西蒙所说的满意和情感变量的分析式决策。

经验准确计算的统计频率用于这种决策。

在经验丰富的决策情况下推测性预期与现实的趋同就包含了假设存在某些一般适用的机制，能使预期与构成概率的正确基础相一致。这一点也适用于西蒙的观点。理性解决可能适用于简单问题，但是并没有对使预期与现实趋同的机制作出说明。用二分法来论述决策情况，就使奈特和西蒙不能引入一种令人信服的趋同机制，因为这种机制会迫使他们根据连续性来论述决策，这种连续性很像多次出现的以信息费用为依据的分析。较多的经验和较简单的决策问题可以减少情感和满意在决策中所起的相对作用，这就和较低的信息费用可以减少决策中失误的作用一样。用这种方法形成一个决策模型就可以减少他们所希望作出的风险与不确定性以及最大化与满意化之间差别的重要性。这就把他们的分析置于一种不能令人满意的地位。奈特实际想要说，经验越少，预期就越信心不足；西蒙实际想要说，问题越复杂，最大化就越困难。那么，是什么破坏了这种连续性，并使决策过程突然放弃了所有最大化计算呢？[①] 我们能相信，对某些经营问题经验如此之缺乏，或者复杂性如此之大，以至于我们用更多的时间、精力和资源也不能改善预期吗？即使存在这样的问题，那么，与我们相信可以通过增加资源而改善（但并不一定是更有利）其解决方法的问题相比，那些问题也是非常少的。奈特和西蒙依靠的二分法澄清了概念，但在概括实际决策情况的特征时是很不适用的。很少有——实际上就没有——

① 就西蒙的情况来说，在解释随着问题复杂性增加而从强调最大化变为强调满意化是有些困难的。一种可能的解释是，随着满意化变得越来越重要，最大化就变得越来越不重要了，适用于（主观上）满意化标准的结果也就越来越多了。

完全缺乏经验，并且理性分析又完全无用的决策情况。但是，我们还没有余力可以计算肯定等于构成正确概率的预期，或作出肯定会得出最优解的理性分析，这样做是对的。

81 当经验很少而且问题较为复杂时，情感在决策中起了更大的作用，但是，这种作用与理性行为之间并不存在矛盾。如果情况使理性努力代价较高，那么，在这种理性努力中就包含了理性行为，而且，情感也可以反映隐含的理性。但是，我们对情感反应的解释是，它们在决策中显然起着作用，而且在与经验不足和复杂性相关的范围内可能起着更大的作用。那么，这种观点对理性得出什么预期呢？如果经验不足或问题的复杂性是可以衡量的，那么，就可以认为，作为一组可衡量的决策问题，其数值越大就意味着，一组决策者所选择的解决方法差别也越大，而这些差别表现为决策者情感反应的差异。但甚至这种预期也是值得怀疑的。在各个决策者中，分析能力与情感是不同的，因此，我们就要研究决策差异的两个来源。如果个人情感差异小于分析能力的差异，那么，在经验很少而问题复杂情况下对情感的偏重就会使所作出的决策差别较小；受情感影响的行为可能在其一致性方面更易于变动。假设缺乏经验与复杂性到了极端，以至于不确定性和有限理性是决策者所面临的运作条件。那么，这一事实以什么其他方式来影响决策呢？如果一个地方的利率高于另一个地方，我们还能希望有把更多资本投入品投入第一个地方的决策吗？这就是说，可以把情感的和满意的行为加到无法解释的大量随机决策因素中，但是，平均而言它们能不受高利率的影响吗？而且，读者会注意到，有关利率对投资获利性影响的知识是一种证据，它证明了我们的经验并不是如此缺乏，我们理性的有限性也并不是如此有限，以至于要控制决策过程就必须有不确定性和有限理性。

以上所述完全正确！决策绝不是没有任何知识作出的，也不是复杂到了理性分析无所作为的地步，而且，如果出于纯粹假设的预测，我们愿意假设不确定性和有限理性统治着决策，那么，这也并无助于我们对决策知道得更多。避免奈特和西蒙提出的概念上的极端情况是更加有用的。他们提出了难题，并没有答案。这个难题是：只有一个没有超出理性约束的问题是值得进行分析资源的投资的，但是，没有第一次对这种资源的投资就无法决定这个问题。

西蒙的思想有助于理解决策过程，但并不是通过强形式的有限理性限制的运用，而是通过迫使我们承认，思想的行为并不是无代价的。我们来考察一下古典抽样技术，这种技术把知识问题作为一种从抽样资料中得出的有关未知的基本群数的稳定特点的推断。82
这种技术和搜寻理论一样考虑到了抽样的费用，但是，他们认为通过抽样获得的知识与任何一种其他用于决策问题的投入没有什么不同。如同增加一单位劳动要增加费用，并有利于生产率一样，增加一个样本也是如此。在某些方面，知识与劳动没有什么不同，但在另一些方面它们就不同了。重要的是这样一个事实：必须**解释**知识的构成要素。古典抽样理论忽略了用智力“加工”抽样所得出的资料的费用。对资料思考的费用，确定它们与决策问题关系的费用，甚至设计搜寻过程本身的费用都被忽略了。这种理论暗含的假设是，解释资料的费用为零，或者无足轻重。它认为，信息作为生产率的来源似乎对我们的智力来说是外在的，而且，虽然获得它要有费用，但一旦获得就可以免费地转为最大化的解决。西蒙显然集中注意到了这样一种思想：仅仅是事实并不能得出解决方法，而使用智力并不是免费的。更多地思考并更多地收集资料都可以保证决策的改进。

因此，知识的进步包含了两种费用。为了确定情感思维与逻辑分析思维之间的差别，我们可以把这第二种成本称为**理解**费用。当把智力用于理解时，应该放弃由于情感的目的使用智力的机会，诸如爱、恨、享受，以及让智力休眠。为了放弃非分析性的机会，还应该加上放弃合乎逻辑地思考**其他**分析性问题的机会；这些就确定了为理解针对某一特殊问题的特殊资料来源而必须花费的智力上的时间和精力。[①]

完全竞争与古典搜寻理论都认为理解似乎是免费的。奈特和西蒙在他们的不确定性和强形式的有限理性中又走到了另一个极端——认为理解似乎需要无限的费用。这两个明显对立的极端——零和无限理解费用——远远不如它们之间的情况更令人感兴趣，在这种情况下，理解有成本，但并不是大到阻止了我们的理解改善的可能性。通过把理解作为一种具有可管理的稀缺价值的活动，这种中间情况就把理解放入经济学的框架之中。

这种稀缺价值的新古典经济理论要根据必要的脑力活动的需求与供给来构建和安排，它还应寻求决定理解的均衡数量。这种
83 均衡也和古典搜寻理论一样，只不过依靠抽样资料和搜集资料的

① 不合逻辑的思维活动会有损于智力完成其计算职能的效率；在安静时，在没有经历时区的突然变动时，在没有被打扰时，以及在有心理负担下不干活时。智力的计算会更好一些。理性和非理性地使用智力之间的相互关系是复杂的，并不是一个简单的替代问题。

技术。理解费用要受人的知识水平，使用人的智力的时间价值，以及在处理同类资料中已经获得的智力资本量的影响。一些人的智力比另一些人更强，一些人提供了超常的计算能力，而一些人能更敏捷地作出解释。另一些人更需要睡觉或感情。在用同样的资料收集技术去解决同样的问题时，即使获得了同样适用的资料，也没有理由期望，不同的人可以同样地理解，或者可以得出同样好的解决。[①] 在统计决策理论中大大忽略了这些个人差异的变量，因为它认为智力推理是无代价的，所以，这就暗含着假设在理解已获得的资料时，所有搜寻者都同样好。

这类个人差别对莱本施泰因为支持 X 效率提供的证据的含义提出了疑问。企业所有者理解能力的差别会引起利润和生产率的差别，这类资料使莱本施泰因断言，某些企业没有建立对追求利润最大化战略的适当激励。资料与莱本施泰因的论断是一致的，但并不只是与这种论断一致。我们假设，优异理解能力的供给是有限的。再假设摘录大量资料，尤其是不同类型资料的企图使那些即使拥有优异能力的理解技巧也受到了限制。这样，在其他条件相同的情况下，只有那些由具备优异理解能力的人拥有的企业才能表现出低平均成本和高平均生产率。根据假设，由于这些能力是在控股所有者的头脑中，而不在专业管理者头脑中，它们的存在体现在高利润率上，而不体现在高管理者报酬上。另一些企业依靠只有缺乏理

① 这种考虑与格罗斯曼和施蒂格勒（1976）、科利斯克（1980）和霍尔蒂旺戈与沃尔德曼（1991）文章中的讨论相关，但仍有不同之处。这些文章的作者承认，某些决策者比另一些决策者拥有更好的信息或智力，或者他们有不同的心理状态，但他们所关注的是这些差别如何引起不同集团的外在性，或每个集团对均衡特点的重要性。

解技巧的所有者，就表现出高平均成本，低平均生产率和低利润率。如果对这些企业生产的产品的需求大于由那些有优异理解能力的人领导的企业的生产能力，那么，在均衡时这些不同的结果也会持续下去，即使与莱本施泰因的理论对比，激励也会使所有人在利润最大化中成功地充分发挥自己（不同）的能力。

84 洞察力

理解能力有代价这一事实保证了经验原则在（理性）决策中的生产性作用。运用这些经验原则的动机是，因为进行仔细、细致的推理需要更高的成本。但是，经验原则建立的对有代价的理解能力作出反应的范围十分狭窄。这就涉及广义上的洞察力。认真、详细的推理可以称为决策的**计算机器**。我把这个概念与决策的**洞察力**区分开了，用于解释资料任务的洞察力使决策者在运用自己的计算机器时实现经济化。

洞察力被认为是人们对“世界如何运行”所发展起来的判断。洞察力的发展来自与某种生活经历相关的某种个性与头脑灵活性。在细枝末节上，每种洞察力都是每个人所独有的。它传递了一个人对陌生人的信任程度，按利他主义行事的程度，以及对气候、政治过程和产品的一般依赖性的信息。另一次世界大战爆发需要多少代人？今天的医嘱明天会放弃吗？在未来几十年通货膨胀将比通货紧缩更重要吗？在下一个十年中工作变动的可能性有多大？人们根据从他们所具有的洞察力中得出的回答行事，洞察力来自他们的智力与他们的生活经历之间未经研究的关系。在作出决策时，所用的智力的计算机器的代价越高，对洞察力的依赖也就越大。

读者也许会同意古典理论并没有说明洞察力对决策的作用，但是，却会否定有关贝叶斯统计决策理论的同样说法。贝叶斯统计推理中的主观因素使它与古典统计决策理论不同，但这种差别比人们所认为的要更形式化，并且也更不重要。贝叶斯理论并不想解释洞察力，以及洞察力如何来自经验，而且对不同的人或同一个人一直是不同的。看来最好把这个问题留给心理学家、社会学家、经济学家和生物学家。贝叶斯分析关注的是当得到新资料时，理性计算者应该如何修改事前最初的主观估计（也可以称之为洞察力）；这并不是开始时我们持有的主观观点。贝叶斯理论忽略了我们认为决定洞察力的这些因素——我们的生活经验，以及智力气质，这些因素可以进入洞察力并作出解释。乐观主义者持有的预期与悲观主义者不同，而且，也许他们的预期反过来也不同。那些在其一生大部分时间中经历了悲惨贫困的人对资料的解释很难与那些一生中 85
大部分时间享受财富的人一样，某一专业的人也很难与另一专业的人有相同的洞察力。[①]

允许失误和经验结论

当面临现实决策问题时，一个人既使用决策的计算机器，又使

① 少数经济学家已经注意到了人的阶级观点。熊彼特（1939）强调了企业家在投入品价格下降之后的衰退中不正常的投资意愿。奈特以他特别的方式把企业家描述为有机会主义观点的人，在这一点上，他甚至认为他们过度投资，直至他们投资的收益为负数。哈耶克在他关于市场价格作为信息传递者作用的经典性讨论中强调了源于特定环境的个人知识的差别，每个人正是在这种特定环境中发现自我。实际上，一般都接受了经济学家的态度，这种态度否认了在客观上有意义的人与人之间的效用比较，这种态度归根结底取决于个人对自己嗜好的了解是不能分享的。这些见解都是值得重视的，因此，对不同观点普遍存在的含义没有什么系统的研究。

用洞察的决策机器。但是，这些机器运行的模式不同，特别是在允许发生有类似预兆的错误方面。为了挖掘其潜力，洞察机器应该把在某些方面可能有所不同的问题看作是相同的。这种做法要求洞察机器的使用者在修改他们的洞察力或减少对洞察力的依赖之前，允许较长时间地犯有类似预兆的错误。更常见的做法是把有类似预兆的错误解释为单纯统计干扰的结果。经常根据一些微不足道的原因改变洞察力等于不把洞察力作为对决策的帮助。

当所要作出的决策是关于我们并不精通的事情时，更要允许犯错误，而且，我们很容易发现，适于更多地依靠洞察力的正是我们所不熟悉的事情。专家们能够在他们的专业范围内对一个问题提供更全面的研究报告。由于洞察力是生产性的，由于缺乏研究报告而引起的错误的总成本一定小于为变成有关不熟悉的决策问题的专家的努力。一般来说，当洞察力能很好地应付那些经常遇到的情况时，洞察力就是生产性的，没有一个人想成为专家。如果基本条件使这种情况是稳定的，那么，生产率就提高了，因为这使我们的洞察力更容易作出适当的反应，而且，所需要作的修改也减少了。

86 虽然不同的人允许犯错误的程度不同，但它应当与某些确定的因素发生系统的关联。普遍允许犯的错误是一个令人感兴趣的研究问题。由于根据每一批新信息来重新思考和重新形成洞察力是不经济的，所以，允许失误也是理性的。[①] 承认这一点对于评价向决策理性挑战的经验研究是重要的。

---

① 在某种程度上，洞察力产生于遗传的天赋，洞察力的变化可能要求时间长到足以使自然选择按自己的方式发生作用。即使不涉及遗传，把洞察力作为我们的创造，而不是自然选择的结果，坚持对洞察力的信任也具有生产性作用。

对错误证据的再思考

现在，来研究有影响的埃尔斯伯格之谜(Ellsberg Paradox，1961)，在这个谜中埃尔斯伯格用以下的方式区分了不确定性与概率。1 号袋中有 100 个红色与黑色的球，但并不知道每种颜色的球各有多少。2 号袋中每种颜色的球各有 50 个。游戏者被告知，如果他们把赌注押在一种颜色的球上，并从袋中拿出了该颜色的球，就可以得到 100 美元，但如果拿出了另一种颜色的球．则一分钱也得不到。结果发现大多数人在他们面临两个袋子时，把赌注押在红球上和黑球上是没有差别的，这就表明，他们从两个袋子中所拿出的两种颜色的球的概率为 0.5。但是，当问他们愿意从哪一个袋子里拿球时，大部分人选择了第二个袋子。这似乎意味着，他们认为他们从已知比例的袋子里拿出他们所选的球的概率要高于从不知比例的袋子里拿球，而这与他们以前所表明的从两个袋中拿所选球的概率均为 0.5 的信念不同。如果我们把“野心不大”定义为与拥有有关袋中球的比例的更多信息相一致，那么，他们就是偏爱野心不大的。

这个结果被解释为反映了非理性的程度，理性被定义为要求一致性。这就是应该用同样的方法来对待同样的事情(概率等于 0.5)。(当然，埃尔斯伯格的第二个选择问题实际上并没有使游戏者面临同样的情况；它使游戏者面临着两个各有不同信息的袋子。)换句话说，可以把试验结果解释为表明对更多信息的偏好大于对较少信息的偏好，但是，看来这也意味着非理性，因为实际上增加信息是要增加费用的，在这种情况下增加信息对预期所得到的结果并没有什么有利的影响；知道第二个袋子中各种颜色的球各有 50 个并不能使游戏者改善他们预期得到的结果。

假设让游戏者免费在这两个袋子中进行选择，那就像前面的试
87 验一样，或者另一种做法是在进行游戏以前购买有关第一个袋子中情况的更多信息。显而易见，在进行游戏以前提供有关这方面的一定量的信息对游戏者来说是理性的，因为第一袋中装的可能主要是一种颜色的球。增加的信息的价值是正的。埃尔斯伯格试验是用这样的方法构成的：只提供试验内容的信息并不会使所选择的一个袋子的结果高于选择另一个袋子，但是在较为一般的情况下游戏的进行就取决于个人为自己建立的洞察机器，更多地了解人的选择是有积极结果的。

埃尔斯伯格试验对大多数人提出了一种不一般的选择问题，即对这一问题他们都不是专家。他们将理性地依靠从他们过去处理不熟悉选择问题中的全部经验得出的观点，特别是因为所涉及的结果如此之小，而不能吸引他们成为对这种特殊选择问题的专家。在埃尔斯伯格试验中把人们放在非专家，又不愿意花费时间去研究这种选择的地位，这样，人们就非常理性地依赖过去曾很好地为他们服务的经验原则。当面临看似相同但对它所了解的信息量又不同的选择时，另一种做法就是更多地了解选择。这种选择的观点主要不是来自对“野心”的厌恶，而是来自在许多场合当与其他拥有丰富信息的人交往时，人们经历了不利的处理方式。如果从这种经验中得到的观点是既定的，那么，在埃尔斯伯格试验中，选择更不了解的袋子，或者甚至把没有给出比例，以及没有人提出更多思考的袋子看作有同样吸引力都是非理性的。

实际上所有产生明显非理性选择结果的试验都是这种性质。这些试验向人们提出的决策涉及对不明显或不熟悉选择的比较，而且要求与包括以概率结果为依据的预期计算比较。这些比较不仅引起对选择者关于实际上如何进行思维的怀疑，而且也会引起数学计算的失误。例如，特威尔斯基和卡内曼（1981）要本科生考虑以下两种决策：

第一种决策：在（A），肯定得到 240 美元以及（B），25% 的机会得到 1000 美元，75% 的机会什么都得不到之间进行选择。

第二种决策：在（C），肯定亏损 750 美元以及（D），亏损 1000 美元的机会为 75% 和不亏损的机会为 25% 之间进行选择。

对第一种决策，大部分学生选择（A），而对第二种决策，大部分学生选择（D）。对第一种决策表现出风险厌恶的态度，但对第二 88
种决策表现出风险偏好的态度。对研究者来说，这就意味着不一致性，以及对基本相似决策情况之间态度的差别。

我所说明的是，由于这是一个学生实际上并不用付出也没有得到（大量）货币的假设选择，所以，他们不会选择把时间浪费在成为一个选择问题数学计算专家上。他们的经验原则是，由于这个选择问题对他们全然是困难的，所以，粗略的猜测就要谨慎。这种粗略的猜测没有导致学生正确地计算出（B）的预期结果为 250 美元，而是大部分学生计算出（B）的结果是获得 250 美元的 1/4，而什么也得不到为 3/4，预算结果为 62.50 美元。这使他们选择了肯定有 240 美元结果的（A）。类似的错误也使得（D）看起来损失要比（C）小一些。因此，大部分学生偏好（A）和（D）。这种解释似乎都是可信的，因为选择（A）和（D）的人分别为 84% 和 87%，这两个数字如此接近，以至于这些结果表明当允许犯错误时的一致态度。

特别令我惊讶的是，研究者在评价理性时，对复杂情况下的选择比对简单情况下的选择更为关注。在确定得到1000美元和肯定什么也得不到之间的选择，对检验一个人是不是需要精神病治疗比检验数学运算中是否有同样的结果预期更清楚。在评价理性时，后一种选择比前一种选择要领先。对较为复杂的情况作出选择看来接近于对风险的态度问题，但即使是这个目的，较简单的比较也是可以进行的。你喜欢同样的50美元和-50美元的机会呢，还是喜欢同样的500美元和-500美元的机会？使问题如此简单就给了我们这样一种信心：理性并没有被缺乏刺激、计算问题和对游戏实际风险的猜测所隐藏。

在这些试验所提供的证据的清单的另一方面，这种试验几乎可以列出一个无限长的目录，其中有价格上升时人们减少购买，要寻找到高利率的支票账户，气温下降时穿上外衣，社会补助有孩子的人时孩子会更多，而且都以同样理性方式对生活中选择的反复变动作出一致的反应。从对这个清单两方面的研究中所知道的是，研究者假设完全理解每一个选择问题都是理性行为，甚至假设理性行为排除了有同样预兆的错误或对许多人共同的错误类型也是不对的。

承认这一点就使得评价理性更困难了，但它也提出了接近于评价问题的更理性的方法。风险越大，遇到隐含着这些风险的选择情
89 况越频繁，发生的失误也就越少。理解费用使这一点对理性决策者来说是正确的。那些在风险小时比在选择情况不熟悉而复杂时往往更努力不犯错误的人是非理性的。

作为非理性行为证据的最后一个例子，我们考虑一下文献相当完整地记载的当人们面临可选择的要价与出价时所表现出来的行为的明显不一致性（尼奇和辛登，1984；霍夫曼和施皮策，1987）。这个试验要决定是什么价格使得到资产者支付的几乎等于出售同一件资产者得到的，在这里资产的占有不是产生于基本偏好或在各种机会中的寻求。让一组学生拥有研究者还要回购的彩票；另一组学生没有给予彩票，要他们愿意为得到同样的彩票而支付。第二组愿意支付的价格平均为 1.28 美元，而第一组对他们已拥有的彩票平均要价为 5.18 美元。

在不同的试验中，这种结果是有根据的，而且对表现为要价与出价之间的不对称的明显非理性行为提供了一种"解释"。那些所谓解决实际决策问题的人是依靠"智力的计算"（塞勒，1985）。这些计算包括了支出与收入，这种支出与收入对成本与收益的重要性和理性决策者所确定的不同，而且，这些范畴一旦确定就不会轻易改变。例如，如果是以实物形态拥有资产，还应该考虑到它比没有得到时更有价值。在我看来，这种"解释"至少在能以由这个试验小组以外的人进行检验的方式形成之前，仅仅是描述这些试验结果的方法。

从其他试验（V. 史密斯，1991）中我们知道，随着决策问题经验的增加，这种明显的非理性行为减少了，而且，我们还知道，这些试验包括的总量如此之少，以至于失误也是较不重要的。有谁会怀疑，如果在经常发生的决策情况下，涉及的要价与出价如此之多，它们之间的差别不会缩小呢？什么结果与建立理性最相关呢，是涉及少量而又不经常出现的结果呢，还是涉及大量而经常出现的结果呢？是根据少数对买卖机会没有什么兴趣的学生遇到的情况来检验理性呢，还是根据所观察到的大量投资者在世界主要证券交易所的行为来检验理性呢？[①]

而且，相信面临试验室决策的人们会像那些指导试验的人那样按同样条件进行试验也是荒唐的。试验的对象会认为，一旦要价与
90 出价已经确定，它就没有完全结束。学生可以认为，如果他们可以表示具有实现更多利润的能力，他们作的判断就会比他们遵循试验指导做得更好。如果这样的话，他们就会要求比他们的出价更高的价格，而且，一旦考虑到研究者不可信的“隐性议程”，这就完全与理性行为一致了。研究者如何轻而易举地确定想让学生相信的议程呢？完全不是轻而易举的，但如果反复演习的次数很多，也许就会减少隐性议程问题的影响。

我认为，这些对非理性证据的研究是徒劳的。更加值得研究的是洞察力和经验原则，根据（演进地产生的）理性行为可以认为，这些研究有助于解释我们实际上所观察到的结果，然后用经验检验来跟踪这些研究。实际作出的决策与如果信息完全时作出的决策之间的不对称性可以用来批驳理性或解释这种不对称的理性基础；在我看来第二种行为过程更有生产性。

近年来对股票价格的研究提出了一个难题，而且，对这些研究结果的思考给我所思考的问题提供了一个例证。这就说明了高估现象的存在。股票价格的变动看来要比每股未来红利或收益的现值大得多。由于一般认为股票价格代表了红利或收益的贴现现值，

① 关于系统的、理性因素对有组织的股票交易所所记载的出价-要价传播中的影响的第一个研究，可以参看德姆塞茨的著作（1968a）。

所以，这就代表了高估现象及可能的非理性投资者行为。换言之，可以把高估现象解释为（理性地）运用以理解费用为基础的经验原则的证据。

像这种经验原则肯定是与奈特的信念对立的，奈特的信念是根据计算出来的概率所形成的预期与风险情况下的基本概率一致（关于这一点我们有丰富的经验）。但是，它与股票价格理论也是对立的，股票价格理论根据的观点是（a）价格反映了预期未来股票收益的现值与（b）预期是客观的。在这一例子中，股票价格理论断言，投资应该与准确计算的股票价格变动的概率一致，不应该发生高估行为。但是，要考虑到以下两个经验假设：

1. 以人的一生或社会对其历史的总体记忆为时间框架，自然界发生的大多数变化是缓慢的。

2. 自然选择促进了人类能力的发展是由于（a）认识到过去的趋势，以及（b）利用这些认识来指导未来的行动。

如果第一个假设成立，那么，在理解费用为相当大的正数的情况下，那些行为与第二个假设一致的人活下来的概率将会更高。这 91
样，自然选择就有利于那些在正常情况下（在变动缓慢的情况下）遵守第二个假设的人。我们可以假设，人要回顾过去并要简单地推断他们所认为的趋势是什么，而且，他们要依靠在遇到（或发生）失误时坚持这种推断，因为理解费用是高昂的。根据假设，由于自然界所具有的大多数趋势只是缓慢地变动，所以，这些推断并不总是或者并不经常在总体上失误。在条件突然变化的罕见情况下，失误就较为重要了。

以上所描述的那类高估行为可能只是某一点的情况。如果关于未来股票价格的预期根据了对股票价格过去趋势的推断，那么，这就是应该遵循的。曾经上升（下降）的股票价格预期仍然会上升（下降）。股票价格甚至在收益停止增加以后仍继续上升，或者在收益停止下降以后仍继续下降。价格和收益之间的因果关系将引起高估现象，因为在即将到来的情况下，股票价格形式反映出既上升又下降的价格趋势，这就会产生高估收益的价格。高估的重要性与理解市场上发生的收益重要变化的费用是正相关的。这可能就是市场分析家在说“正确过时了吗”时的含义。①

与继续沿着当前趋势走相比，专家们更快更经常地对市场状况重大变动作出反应的企图并不一定能改善他们的投资结果。所有一切都取决于他们什么时候不再见风使舵。但是，专家不再见风使舵的时间拖得越长久，在决定市场供给和需求状况时也就越要多重视那些非专家。

我的意思并不是要坚持为这种对高估行为的解释辩护，而只是认为，研究对会出现的失误的理性解释比匆忙地把这种现象作为行为非理性的必然表现会有更好的结果。通过检验投资者对资料的洞察力的猜测来确定它们的长处是可能的。这就假设，当讨论失误时，洞察力是重要的，而当接受了这种假设时，理性解释就变得可能了。在我看来这比用失误去否定理性更令人感兴趣。但是，每个人都有自己的偏好。

① 注意类似的推理会引起低估的现象。既可以认为与收益趋势变动相结合的上升的股票趋势使上升大于根据过去价格趋势经历所作出的判断，也可以换个说法。与收益趋势变动相结合的下降的股票趋势使下降大于根据价格趋势所作出的判断。这两种情况引起所观察到的收益变动大于所观察到的股票价格变动。无论我们观察高估现象或低估现象都要依靠相对于根据过去价格趋势判断的收益的重大变动方向。

第五篇　会计利润资料的利用与滥用

怀疑企业家追求利润最大化假设的敏感性是一回事，但毫无疑问，经营的利润被广泛地作为业绩的指数。政府、投资者和工商界人士都关注按会计学衡量的利润。而且，经济学家也是这样做的。在判断国民经济状况，预测工商投资与税收，以及如前一篇评论所讨论的，在判断股票价格是否超过了收益状况时，会计利润率起着重要的作用。在企图检验市场集中率的学说中，经济学家一致地研究市场集中和会计利润率或会计利润的派生指标之间的关系。这些只是赋予会计利润资料的一小部分用处。因此，这些资料的可靠性或缺乏可靠性就有重要而广泛的结果。 92

对我们准确地衡量利润率能力的怀疑很早以来就存在了。亚当·斯密的分散经济理论把利润的理论作用放在配置机制的中心，但他怀疑我们准确地衡量利润的能力。

> 前面已经说过，即使要确定某一特定地方……的劳动的平均工资，也不容易，而且，所能确定的，只不过是最普通的工资。但就资本利润说，就连最普通的利润，我们也很少能够确定。利润极易变动，经营某特定行业的人。未必都能够说出他的每年平均利润是多少。他的利润，不但要受他所经营的那些

> 商品价格的变动的影响，而且要受他的竞争者和顾客运气的好坏、商品在海陆运输上甚或在堆栈内所可能遭遇的许许多多意外事故的影响，所以，利润率不仅年年变动，日日变化，甚至时时刻刻都在变动。要确定一个大国内各行业的平均利润，必然更加困难；至于要相当准确地确定从前或时间阶段相隔很久的利润，那必定是完全不可能的了。①

93 他论述的问题主要与利润衡量的时期相关。他没有预见到许多现代人对利润衡量的关注。对于会计利润率资料倒是应该有所关注的，但并没有更多地关注说到引起我们忽略了这种信息来源的问题。

尽管会计资料是非常不完全的，但对于某些分析性问题，没有什么东西能很好地代替会计资料。衡量获利性的主要对应指标来自于股票价格状况的指标。就某些目的来说，股票市场衡量的收益率优于利润率的会计衡量，但对其他目的并不是这样。管理者选择了把他的企业与另一家企业合并，或者政府改变了用于估价存货的折扣税做法。这些事情会以不同的方式影响企业的前景，而且，在这些事情发生时，股票市场衡量的收益率状况就是判断这类事件未

① 亚当·斯密：《国民财富的性质和原因的研究》，上册，第81页。斯密并没有轻易地为自己的怀疑所阻止，然后他继续描述了决定各国与各时期名义利润一般水平的方法。

> 可以提出这样一个原则：在使用货币所获较多的地方，对于货币的使用，通常支付较少的报酬。我们由此确信，一国内资本的一般利润，必定随着其市场的一般利润率的变动而变动。利息率回落，利润必随着下落；利息率上升，利润必然随着上升。

显然，斯密对利息率资料的信任比对利润资料更大。

来结果的市场评价的一种好方法。但是，可以认为我们是在寻求市场判断的证据吗？由于市场的作用是使根据风险调整了的股票收益平均化，所以，对股票市场衡量的收益率的未来观察就不再表示过去事件的影响；已经受到不利和有利影响的企业将对未来观察表示出相等的市场衡量的收益率。股票价格毕竟是对市场前景的猜测，这种猜测可能是错误的。

另一方面，会计衡量的利润率是要反映一个企业所经历的过去时期的状况，它们并没有完全摆脱对未来的预期。当会计师对资产折旧时，他们就暗含着使用了预期的资产（也许由税务当局预期）寿命。而且，如果也许由于合并，资产是从其他企业获得的，那么，由会计师确定的转移资产的价值有时就与这些资产的实际购买价格不同。然而，各个企业的会计做法是非常标准化的，并且是由税收当局认真核查，而且，他们主要关注的是过去的业绩，而不是猜测未来的发展。然而，某些必要的猜测也可以用于计算过去业绩的证据。构成这些资料基础的许多信息来自过去的销售量、调拨的货物以及在过去会计时期所得到的市场决定的价格和进行的支付。比较一个企业合并前后会计利润的历史，有助于确定过去的合并是不是有用的。当然，其他许多事情都会影响这些历史，但许多其他事情也会影响股票市场衡量的利润率。

那些寻找某个企业是否具有垄断地位的证据的人并不关注市场衡量的利润率，仿佛他们要评价据认为引起了垄断地位的事件的结果。如果没有一件能列举出来的这类事件，仿佛就没有企业在长 94
期中具有支配市场的地位，或者仿佛这种事件所存在的时间太久远没有记录下可用的股票价格，那么，股票价格的事件研究就是没有意义的或不可能的。那些具有垄断地位的企业和那些仍然面临激烈竞争的企业一样，也要记录同样的股票市场衡量的收益率，这不过是因为股票价格已经根据这些企业可能面临的条件的任何差别进行了调整。

当然，在解释会计利润资料时存在一些困难。这些困难主要产生于某些企业资产的耐用性。会计做法是坚持支持根据历史成本而不是重置成本来评估资产。两个在不同时间购买了相同资产的企业可能在今天记录了不同的利润率，这是因为在价格水平高时购买了资产的企业其折旧费也高。两个使用广告与设备的不同组合的企业也会记录不同的利润率，这不过是因为由广告创造的无形资本与由设备购买所创造的有形资本不同，会计并不把无形资本作为耐用资产。这些广为人知的问题可以解释各个企业存在的某种利润率差别。这些问题甚至可以解释利润率与市场集中之间的某种关系，因为在集中市场上的企业倾向于对广告支出的依赖程度更大。

会计资料对某些问题的适用性比对另一些问题的适用性小。在试图收集有关斯密关于各种投资机会利润率平等化这一观点的证据时，所需要的是按重置价值衡量而不是按历史价值衡量的所有耐用资产的价值，因为这就为分析另一种资源配置所能得到的利润率提供了信息。但是，如果所关注的是判断管理者的业绩，那么，从资产的历史价值中所得出的资料更加适用，因为非常幸运或明智地在通货膨胀发生之前按下降的价格购买了资产的管理者可以比那些延误时间过长的管理者做得更好。同样，虽然纯经济租并不应该包括在利润中，但如果分析是用于判断斯密的见解，那么，就像判断一个所有者-企业家在某一市场产品需求增加之前加入该市场向右上方倾斜的供给曲线的决策那样，把纯经济租作为利润来计算是非常合适的。

认为所提出的问题主要与收集的资料的类型相关，这种看法并不奇怪。但在确定会计资料的有用性时，值得强调的是这个没有被接受的观点。这种忽视表现在一篇经常被引用的文章中，这篇文章否认了会计资料对经济分析的适用性。涉及使利润资料适应于这
个问题的小标题是十分重要的，这就足以使我们把费希尔和麦高恩 95
(1983)对会计利润率抨击的反思作为第一部分研究的实质性任务。

费希尔和麦高恩对会计资料的抨击

费希尔和麦高恩并没把他们的分析建立在会计资料不完全的一般来源的基础之上。他们的主张极其大胆，他们认为正是会计利润资料的性质使它们作为经济上适用的利润指标是无用的。他们的批评就其性质来说是非常一般的，但他们仅关注会计资料对确定垄断定价权力存在的适用性。从经验上说，经济学中研究最多的内容之一是把市场结构与垄断权力联系起来的市场集中学说。所进行的绝大部分研究都表明，如果把会计利润率作为垄断权力的指数，那么，这两者之间在统计上有重要的正相关关系。对这种关系的解释只不过是垄断是既定的。这些研究不仅包括集中行业中大企业的高效率，而且还包括与会计上处理广告资本相关的人为解释。在这里我不想讨论这些，但是，有用的是要注意市场集中与会计利润率之间所表示的统计关系看来反映的不仅是资料中的干扰，至少在大多数这些研究所包括的时期内这种关系曾多次出现。有

些是市场集中学说的内容，还有些内容是另一些令人相信的解释，但看来会计资料能系统地向我们说明某些问题。

然而，世界并不认为这类资料对衡量企业的实际利润记录是无用的。会计资料的产生用了很多费用，而且，对这些资料的大部分需求来自那些在分析上用来指导自己资产部署的人。为了收集和分析这些资料支出了大量费用，而且，更大部分费用是由那些相信这些资料反映了投资机会的人承担的。的确，对这种会计资料的大部分需求来自政府报告的统计，但没有一个人会怀疑，甚至在没有这些需求的情况下，利润资料也与按要求而生产的东西相似。或者资料的使用者是愚蠢的，或者费希尔和麦高恩是错误的。他们的讨论显然证明了，即使在不考虑衡量问题时，如果会计利润率等于经济收益率，那就纯粹是偶然。我无意与他们的证明争论，只是要与他们由此得出的结论进行争论。

他们的观点根据的是投资净收益流量的时间表，这种表可能而且易于使一系列年度会计利润率与它所表示的基本收益率完全不
96 同。用一个他们所用的例子就可以很容易地抓住关键。表 5-1 摘自他们的文章。

表 5-1　费希尔与麦高恩的表——税后会计收益率

(1)	(2)	(3)	(4)	(5)	(6)	(7)	(8)
年	总利润（税前现金流入）	折旧	税后利润	年初资产		年底资产	
				资产	收益率	资产	收益率
1	23.3	28.6	(5.3)	100.0	(5.3)	71.4	(7.4)
2	44.1	23.8	11.2	71.4	15.7	47.6	23.5
3	51.9	19.0	18.1	47.6	38.0	28.6	63.3

续表

4	40.5	14.3	14.4	28.6	50.3	14.3	100.7
5	20.2	9.5	5.9	14.3	41.3	4.8	122.9
6	7.8	4.8	1.7	4.8	35.4	0	无限

在制作这张表时，费希尔与麦高恩假定，100 美元的投资开始时马上有收益，并持续 6 年，在第二栏中采用时间形式。用一年折旧数和 45% 的利润税率，他们选定了第二栏的数字，以便第 4 栏所表示的税后利润产生的经济收益率等于 15%（即 15% 是在把第 4 栏的税后利润用于计算这种利润流量现值时的百分比，产生了最初的 100 美元投资）。表中其余各栏是用税后利润栏来报告以年初和年底资产价值为基础的年度会计利润率。这些会计利润率从未等于 15%，平均也没有等于 15%。

通过改变总利润的时间表（第 2 栏），再把它限于产生 15% 的经济收益率，就会产生许多不同的会计利润率，这些会计利润率也很难与实际经济收益率相比较。虽然可以作出总利润的特定时间表，以使会计利润率看起来好一些，但在投资支出的性质中没有什么能使这种时间表比其他更好一些。在连续性项目投资中需要的按比例增长使会计收益率与经济收益率接近于一致。费希尔和麦高恩的证明比他们所讨论的例子更一般化。在这个证明中，会计利润率与经济收益率之间没有必然的一致性是令人信服的，但他们由 97
此得出的结论——会计利润率对分析是无用的——却是不对的。

他们的证明假设，我们了解某一时期内投资及其在利润表中的经济状况。依靠这种知识，一旦投资项目完成，我们就可以计算能赚到的收益率。他们知道，他们表中所列的投资持续 6 年，而且，利润表测定的收益等于100美元投资为15%的经济收益率。但是，他们用来计算这个15%的年度资料是和投资完成后会计师得到的一样的资料，而且，如果有要求的话，使用这些资料的会计师也会向管理者报告投资期间的收益是15%。无论是资料还是会计做法都不会引起衡量的收益率与经济收益率之间的不一致性。费希尔和麦高恩要求的资料和他们的完全预期假设正是问题的特殊性质。

会计利润报表（不同于为管理者准备的特殊分析）是有关在过去会计时期中事情进行情况的报告。它们并不是关于已完成的投资项目结束后的报告，也不是对正在进行的投资项目结果的预测。要求会计师回答的问题往往并不是要得出一定时期内报告的利润流量，这个问题接近于费希尔和麦高恩要求他们根据对一个投资项目整个有效期内的完全预期所炮制出来的资料回答的问题。但是，这没有使这些报告无用，正如要求会计师回答的问题并不是没有意义一样。令人惊讶的是费希尔和麦高恩如何从他们假设的资料中得出每年的答案。

在回答向他们提出的问题时，会计师得出的数字与费希尔和麦高恩在回答不同问题时得出的数字不同，费希尔和麦高恩的解决方法要求对未来的完全了解，这并不奇怪，奇怪的是把这种差别解释为对会计师提供的信息无用的证明。

假设我们不考虑折旧率的不完全性（由于这不是费希尔和麦高恩分析的目的），并使折旧费为投资资产市场价值每年减少的正确值，假设在表中所描述的特殊投资失败了，或假设它在一年后被放弃了，这样，会计师所计算的该项目的经济收益率为亏损5.3%加100美元投资的未折旧价值，在这种情况下，这是正确的。再假定允许该项目在第二年进行，在第二年期间情况如何呢？为了回答这个问题，我们就要计算在第二年中扣除了折旧和税收后的利润，并用第二年年初资产的价值除它，因为如果我们不在第二年继续进行 98
这个项目，这些资产可以出卖。答案—— 15.7%——是正确的，这是会计师在用（第一）年底的折旧时得出来的。这并没有告诉管理者如果允许该项目进行整个 6 年时可以赚到的收益率，也没有告诉管理者在该项目进行的前两年中所赚到的收益率，当然这些收益率是可以计算出来的。它正确地告诉管理者由于允许该项目在第二年继续进行而不是放弃它所得到的收益率。这种信息并不是对了解企业业绩所提出的每一个问题的回答，但它与这里所断言的敏感问题并不是没有关系的。

即使根据原则，在项目结束之前也绝不可能知道投资收益率。因此，费希尔和麦高恩所用的经济收益率概念对决定完全不确定性世界中的情况和允许继续进行哪一项投资项目时的情况进展是毫无用处的。如果对定期计算的会计利润率作出正确解释，那么，被费希尔和麦高恩所贬低的会计利润率对管理者就是有用的，尽管事实上根据政府对报告的要求所进行的计算比根据资产管理者要求进行的计算要多一些。管理者在寻找指导时要求会计师提供更加适用于管理者希望强调的问题的分析。

反托拉斯当局盲目利用年度利润率的做法值得费希尔和麦高恩批评。记录的年度会计利润与折旧的资本价值相加并不等于企业投资在其整个完成以后的收益率（用同样的资料计算），而且，在所有正进行的项目完成（并在禁止所有新项目以后）时反垄断进程不大可能中止，因此，确定企业投资业绩就已经可以更精确地计算出来了！对于有许多正在进行项目的大企业来说，各种会计利润率的比较——尽管这些会计利润率并不等于经济收益率——但却可能提供了一种有用的收益率排序，而且，这对于判断某些与反托拉斯相关的问题可能是有用的。

投资者知道，会计利润率是企业经营业绩不完全的反映，这就是他们努力解释会计信息并对不完全性进行纠正的原因。重要的是，这些对会计信息的努力是在一定范围内进行的。一个新的、创造性的生物工程企业在其开始的年份中并不期望产生正利润。投资团体预期开始时有亏损，而且这些亏损将在会计报表中反映出来。期望以后的年份中有正利润流入。会计资料所表示的利润表
99 是有用的，因为它可以比较这些预期。假设市场预期这样的企业在其存在的前 6 年中实现 15% 的收益率，但它也预期在大量利润流入之前是初期的严重亏损。如果初期的会计利润是正的，或者亏损仅仅是适中而不很严重，那么，就可以断定企业的业绩是非常成功的，并会产生大于 15% 的收益率。这种判断要求掌握有关进展情况最新的信息，在不受政府报告要求的限制时，会计师所要提供的正是这种信息。不能根据账面价值来看会计利润率，但也不能放弃会计利润率。如果要使会计利润率包含的信息得到明智的使用，就需要根据预期来进行调整。如果反托拉斯调查要合理，对像我们假设的生物工程企业这样的公司的调查就应该说明来自初期承担的亏损而在以后得到的利润，而且，这也是生物工程行业中竞争性创新的普遍形式。

大的、复杂地进行的企业从事于许多处于预期水平不同的成长阶段的项目，对这些企业来说，报表上的会计利润率与该企业基本

业绩是接近的。特殊情况仍然是存在的，而且，这些可以作为不良记录业绩的借口，或者低估了明显优异的企业。企业会处于经营的周期性路径中或处于受保护的行业中，而且，经济也会处于经济周期的低谷或要根据全世界有组织的共产主义出人意外的崩溃进行调整；企业可以从事新的、非常大的投资项目。除了这类已知的特殊环境以外，与企业界“上升”的企业相比，大型建设完善的企业更愿意找出他们未经调整的年度会计报表，以给投资集团施加更大的压力。

如果不能根据费希尔和麦高恩的真实经济收益率这类完全从预期世界中得出的标准来判断会计利润率的有用性，那么，也就不能根据从投资者唯一知道的是会计利润率的世界中得出的标准来判断会计利润率的有用性。无论会计利润的衡量是否有用，也只能根据适于它们使用的世界的标准来判断，在这个世界中人们所知道的要比会计数字多，但未来是未知的，对过去也只是不完全的了解。这是一个生产并交换信息的世界。如果我们找到了长期需求和各种环境下的会计利润资料，那么，就应该允许他们服务于有用的目的。但是，还可以提供其他有用的证据。

会计利润资料有用的证据

会计学者对会计利润资料的信息内容进行了各种研究，他们根据这些资料能否引起用股票价格（和红利）衡量的股票市场收益 100
率的适当变化来判断其适用性。鲍尔和布朗（1968）提供了有关股票价格对反常的收益报表反应的第一个系统研究。随后的研究考察了这个问题的不同方面(例如，可以参看比弗，克拉克和赖特，1979；克尔门迪和利佩，1987；以及康奈尔和兰兹曼，1989)。

这些文献所依据的是金融学者非常熟悉的事件研究法。事件是反常的会计收益报表，通常是根据与过去收益趋势不一致的事实来判断反常。收益的反常取决于对会计利润资料适用性的判断，因为在事件研究中适用性的检验是以变化为条件的。据认为与过去趋势一致的会计利润已经包含在股票价格中了，从而也就不会引起股票价格的变动。除了系统的风险之外，只要发生的是预期的情况，在这种情况发生前后股票将产生相同的收益率。我将要解释，过分依赖反常收益不仅是不必要的，而且还会使对收益报表信息内容的判断偏低。因此，所有这些研究都表明，当收益报表反常时，股票价格以在统计学上重要的方法作出反应；而且，根据会计利润资料有意义的假设，变动方向是可以预期的。投资集团既要对这些报表进行大量支出，又要控制相关的信息思想。

事件研究使用者的研究方法倾向于：(1)忽略某些方法论问题，以及(2)忽略正常(不出意料)会计利润报表的信息内容。这两种倾向也许会使事件研究低估了会计报表的信息内容。方法论问题是假设预期只由过去会计资料(得出的趋势)来指引。一种经常用的方法是，根据过去会计收益报表进行线性外推，并根据新报表与这种外推法结果的背离程度来衡量新会计报表的信息内容。这没有什么不合理，而且肯定比忽略过去的资料要好，这种方法假设，会计资料是唯一的信息来源。市场可能是由与外推收益不同的预期收益报表的其他信息来引导的。在这种情况下，如果一份不正常的会计报表与市场由于有其他信息来源而作出的预期一致，那么，这份不正常的会计报表的实际宣布就只会引起股票收益率的微小变动。关于报表收益形式的信念是，预期并不需要来自新闻报道或投资顾问；它可能来自投资者所具有的理论。一个关于工商企业可望成功的预期也许是在阿尔弗雷德·马歇尔关于企业要通过早期增长、稳定然后衰落的观念中发现的。可以用这种观念来解释利润率预期的上升、稳定与下降；因此，预期的时间途径不是线性的，而是倒“U”型的。一份与过去收益线性外推一致的收益报表就会是 101
没有预期到的，并很可能影响股票价格。

在原则上事件研究若没有理由是不能利用其他信息来源和考虑各种观念状况的，但实际上在这方面很少这样做。通常，总希望透露出与事件出现同时的其他情况。因此，股票价格是否变动可能部分是由于这些其他事件。这种类型的调整是值得称道的，但不仅在事件的当时，而且在事前事后都不足以应付围绕并影响预期的复杂条件。

这就提出了一个更加一般的问题。假定会计利润的确是在预期的水平上，事件研究的方法就使这些会计报表没有信息价值，而且相应地股票市场计算的收益率也就没有变动，但是，与预期一致的收益报表即使在股票价格没有变动时也不是没有信息价值，至少在了解预期是充分的方面是有价值的。但比这更多的是错过了机会。假设会计收益报表并不令人意外，这些报表的发表就不会引起拥有股票的市场收益率变动，而且减少了系统的风险，所有股票价格都是按预期的那样产生了同样的收益率，包括在这些报表中的收益、现金流量和红利这类信息是股票价格**水平**（不是拥有股票的收益率或股票价格的变动）所依靠的基础。由于预期的股票收益、现金流量以及对这种股票的喜爱超过了等量的另一种股票，一种股票的价格高于另一种。正常（以及反常）的收益报表有助于确定股票价格的等级。一种股票每股的预期收益可能高于另一种股票，这是由于一个企业产生了更多的现金流量，或由于它的股本由较少量的股份所代表。在这两种情况中的任意一种或两种下，一种股票的每股价格会高于另一种股票，因为每股预期收益是较高的。如果会计资料有意义的话，在各种股票之间，股票价格和每股会计收益之间的联系就产生于这种"稳定状态"的经验。当然，事实上股票价格和每股收益之间的关系比这种粗略的关系还要更密切一些。另一些预期削弱了这种联系。一种股票每股收益是另一种股票的两倍，它所引起的价格大于还是小于两倍要取决于对这两种股票收益的未来形式的预期。因此，股票收益和股票价格之间的联系是紧密的，而且，对严格比例的背离与短期未来收益的形式相关。

102 表 5-2 说明了这些事实。表 5-2 表示按 t 进行四舍五入的统计矩阵，这些数字来自线性回归的最小平方估算。在这种估算中，因变量（用垂直格来表示）是股票年底的每股价格，自变量（用横格来表示）是 1962—1981 年间接会计报表衡量的每年每股的利润。股票价格选自 CRSP 最大的 489 家制造业企业样本，之所以这样选择是因为它们在整个时期一直作为样本并使用了相同的财政年度。通过略去了在此期间建立的企业或由合并或退出消失了的企业，这个样本对企业选择的偏重有利于那些不想使现在投资者惊讶的人。会计利润资料来自康普斯坦特（Compustat）资料库。价格和利润根据分股和股票红利进行了调整。年度利润率报表有时在下一年的第一季度期间公布；因此，i 年的股票价格记录了 i 年股票利润之

表 5-2 根据 1962—1981 年每股会计利润对股票价格变动(δSt)的各种股票回归得出的 t 统计

股票价格年份	各年每股会计利润的变动																					
	α	1962	1963	1964	1965	1966	1967	1968	1969	1970	1971	1972	1973	1974	1975	1976	1977	1978	1979	1980	1981	R^2
1962	7	[7]	5	1	2	2	0	1	−1	1	0	−1	0	−1	−2	1	0	−2	2	0	1	0.46
1963	2	0	[13]	−1	3	4	−1	0	−1	2	2	−2	1	0	−2	0	0	−1	2	−1	1	0.52
1964	6	2	0	[7]	4	4	−1	2	−2	1	3	−3	1	0	−2	0	0	−1	2	0	0	0.51
1965	8	0	1	−3	[9]	3	2	3	−1	1	3	−6	0	0	−1	0	0	−1	3	0	0	0.31
1966	14	−1	1	−3	4	[6]	0	5	2	1	0	−5	−1	1	−2	1	−1	−1	2	0	2	0.24
1967	16	0	0	0	4	0	[6]	0	4	3	−1	−2	−2	1	−3	1	0	−2	1	1	2	0.23
1968	12	0	0	0	4	−1	−1	[6]	−1	6	1	−3	−2	0	−2	0	0	0	1	1	1	0.28
1969	7	0	−1	1	3	0	0	2	[2]	4	2	−1	−2	1	−3	1	1	−2	0	0	1	0.37
1970	8	0	1	0	3	0	−1	2	2	[7]	2	0	−2	−1	−3	2	1	0	1	0	1	0.29
1971	10	−2	3	1	3	−1	1	0	1	3	[5]	−2	0	0	−3	1	1	−2	3	−1	1	0.18
1972	8	−1	3	1	1	1	1	0	0	2	2	[2]	−1	−1	−2	3	1	−3	3	−2	2	0.16
1973	3	0	2	1	2	0	2	−1	−1	2	2	−1	[0]	−2	0	2	1	−2	2	−1	1	0.21
1974	5	0	2	1	2	0	1	1	−2	2	1	−1	0	[−2]	0	5	2	−3	3	−2	1	0.28
1975	3	−2	5	1	1	1	2	−1	−1	2	2	−1	0	−3	[1]	4	2	−2	2	−1	1	0.38
1976	5	−1	2	1	1	0	2	0	0	1	2	0	−1	−4	0	[4]	2	−1	2	−1	1	0.49
1977	8	−1	2	1	1	0	1	0	0	0	2	0	−1	−3	0	2	[2]	−1	3	−1	1	0.44
1978	9	−1	1	1	1	−1	1	0	0	1	2	−1	−1	−2	0	1	0	[2]	1	0	1	0.48
1979	10	−1	0	1	2	0	1	−1	0	1	1	−1	−2	−2	0	3	1	−1	[4]	−1	3	0.42
1980	8	−1	1	1	3	1	0	−2	1	1	−1	−2	0	−3	−1	1	1	−1	2	[1]	4	0.55
1981	8	−1	1	1	2	2	−2	−1	2	−2	0	0	0	−2	−2	1	1	0	1	0	[4]	0.46

前1—3月的情况。但是，由于i年期间季度收益报表已经向投资者提供了年度股票利润的某些信息，所以，我们可以把i年的价格和利润作为在同一时间内所观察到的数值。

每一栏代表了一次回归方程式的结果。一组年度会计股票利润数字在各栏仍然相同，因此，各栏代表了不同的t统计，因为因变量——年底股票价格——在各栏中不同。这样，第一栏表示得自一个回归方程的t统计，在这个回归方程中，是根据1962至1981年的股票利润来回归1962年底的股票价格。第二栏代表根据同样的收益资料回归1963年底记录的股票价格，但在这个回归中，相对于1963年的价格，1962年的收益滞后了。最后一栏是根据股票收益回归1981年股票价格，除了1981年的股票收益以外所有股票收益都落后于价格。这样的结果是当你顺着各栏往下看时，对未来会计报表的滞后率提高了。这个表上的主对角线表示对同一年价格与会计资料的t统计；这条对角线上的t统计在方框里。对滞后一年的股票收益的t统计在主对角线下面的对角线上；由一年所得出的股票收益的t统计在主对角线上面的对角线上。

一年中一种股票的每股收益应该接近于相邻一年的股票收益，而且，这表明了在相邻各年之间分摊回归系数的多边共线性问题。在任何情况下，沿着主对角线的t统计显然决定着沿着任何其他对角线的t统计。同时发生的各种股票的每股利润的差别更多地解释了股票价格水平的差别而不是滞后的和领先的每股利润。主对
104 角线t值显著的t为负数表明，每股收益与股票价格是负相关的。这与预期相反，但在20个t统计之外只有一个是可以观察到的负

数。[①] 可以相当有把握地说，同时发生的每股会计利润影响股票价格的预期方向。不在对角线系数的正负号受限制较小。现在的价格可能与已记录的每股会计利润，比如说近三年的每股收益，关系并不大，甚至是负相关。已记录的近三年的利润可能高于或低于现在对未来利润的预期，而影响现在股票价格的是现在的预期。会计利润中断的共线性引起了正负号的一些混乱。显而易见，主对角线系数在解释的因素（以及这些系数一般是极为强的正相关）中占决定地位，但是，要发现在股票价格和领先年份与滞后年份收益报表之间关系中显示出来的负的 t 统计是可能的。在主（现在的资料）对角线上，t 统计的代数和是 93（而且 20 个系数中只有一个是负数）。对一年滞后来说，代数和是 8，但对一年领先，它是 22。因此，虽然是同时提供的会计资料，但对股票价格的影响比领先或滞后的会计资料要大。看来股票价格对下一年的收益表现出某种预测力。这些资料表明，股票价格反映的投资者对业绩的预期大于过去收益业绩。

表 5-3 重复了用于构成表 5-2 的方法，例外的是各年之间的股票价格是根据各年之间每股收益变动来回归的，这有助于围绕多边共线性问题。在事件研究者看来，这对会计收益中的反常性有影响。如果假设下一年的预期价格是今年的实际价格，[②] 价格变动就成为新信息的指数，这种指数是根据每股收益的反常性来判断的。

---

① 有几种方法来解释这种负相关关系。例如，可以用引起有关“上飞”与“下飞”股票预期修改的发展来进行解释，“上飞”是现在收益低而预期会得到高的未来收益的股票，“下飞”是现在有高收益而预期会得到低的未来收益的股票。

② 这个假设采用了股票价格变动的随机走动观点。

表 5-3 根据 1963—1981 年每股会计利润对股票价格变动（δSt）的各种股票回归得出的 t 统计

股票价格变动	各年每股会计利润的变动																				
年份	α	1963	1964	1965	1966	1967	1968	1969	1970	1971	1972	1973	1974	1975	1976	1977	1978	1979	1980	1981	R^2
1963	−1	7	−1	2	1	−1	0	2	2	1	0	2	2	0	0	0	1	−1	−1	0	0.18
1964	−1	−1	11	3	2	1	1	−2	−1	0	−1	−1	−1	0	0	0	0	0	0	−1	0.28
1965	−4	2	0	9	4	5	2	1	0	0	−1	1	1	2	1	1	2	2	1	0	0.20
1966	2	1	0	0	5	2	4	1	−2	−2	1	−1	0	0	1	0	1	1	2	1	0.12
1967	2	−1	0	−2	−2	5	−1	4	2	0	1	−1	0	0	1	0	0	0	1	0	0.16
1968	−4	−1	−1	−2	−1	−1	5	−1	3	0	−1	−1	0	−1	0	1	1	−2	−1	−1	0.12
1969	−9	1	1	0	1	0	−1	3	1	3	1	−2	−2	−1	−1	−3	−3	−1	−1	0	0.11
1970	9	1	0	1	1	2	1	2	2	−1	0	1	1	1	2	2	1	0	0	0	0.01
1971	0	1	−1	−2	−2	−1	−3	−1	0	4	1	2	0	0	0	0	1	2	−1	0	0.11
1972	−6	−1	−1	−2	0	−1	−1	−2	0	0	3	−1	0	1	−1	−2	−2	−1	−1	0	0.08
1973	−6	−1	0	−1	−2	−1	−2	−1	−1	−1	0	2	1	2	0	0	0	0	0	−1	0.09
1974	4	0	0	0	0	0	1	0	1	1	2	2	2	2	2	0	−1	0	0	1	0.17
1975	0	2	0	0	1	1	0	1	1	1	0	0	0	1	0	1	1	0	0	−1	0.03
1976	−1	0	2	1	1	2	2	1	0	1	1	−1	0	1	1	1	1	0	0	0	0.05
1977	−1	0	0	−1	−1	0	0	−1	−1	0	0	0	0	−1	0	1	2	1	0	0	0.11
1978	−2	−1	0	0	−1	0	0	0	0	−1	−1	1	0	0	0	1	3	0	1	0	0.16
1979	0	0	0	1	0	0	0	0	0	0	1	0	1	1	2	0	0	3	0	1	0.17
1980	0	1	0	0	−1	−2	−1	0	−2	−2	0	1	0	0	1	2	2	1	3	1	0.18
1981	−3	0	0	−1	0	−1	−1	0	−1	1	0	2	−2	−2	−1	−1	−1	−1	−1	1	0.16

表 5-3 表明，经过调整的 R 平方数小于表 5-2 中的这个数字，但主对角线 t 统计的决定性仍然是十分重要的。

在这条对角线上，所有 t 统计都是正数（与表 5-2 中有一个为负数相比），而且，没有一个数值低于 2。同时发生的收益变动的 t 统计的代数和为 151（而且，如果 1963—1964 年大量的 t 统计下降了，仍然是 93）。对滞后一年的收益变动的 t 统计之和只是 2，而对领先一年的收益变动的 t 统计之和是 19。此外。可以根据这种看法来解释这些结果：(1) 同时提供的会计报表有相当多的股票价格信息内容是有关相对的股票价格的，以及 (2) 相对的股票价格也反映了投资者企图根据比过去收入记录所提供的更多信息来预期未来的收益。 106

会计利润资料的不完全性

尽管会计资料对投资者评价有价证券是有用的，但如前所述，这种资料是非常不完善的。在用支出、收入、成本和折旧这些基本要素来构成对业绩的总结性衡量时，仍有许多问题是由会计师和管理者任意处理的。在一个可接受的程序的范围内，会计利润可以有某种增加或减少。这样做的能力并不意味着总有误导的企图，如果产生了这种企图的话，也并不意味着它们就能得逞。利益相关的各方为了判断会计报表是否歪曲了工商企业的基本状况花了许多钱，而且，对今年扩大利润的刺激就往往引起明年亏损的扩大。然而，有目的地错误解释企业状况并不是这里的问题，更重要的是会计师没有完全预期未来的能力。这种无能力就有损于会计报表的信息质量，并使利益相关的各方对这些报表的评价更为困难。

企业支出可以分为两部分，一部分支出可以期望在会计时期所包括的时期内产生其服务，另一部分支出的服务则在较长时期内。“企业在上一年支出了多少呢？”企业支出的第一部分越多，这个问题就可以越容易而且越准确地回答。如果没有从这一年到另一年的成本或收益，费希尔和麦高恩所强调的问题就不会存在了，而且也可以用会计资料对经济收益率作出准确得多的评价。然而要注意的是，在极端情况下，如果所有支出都在一年的时期内提供自己的服务，那么，每年都会有等量的一个新企业出现。隐含在这个期限内的问题就是企业理论的含义。但对这些问题的讨论会使本文超出它应有的界限。

由于企业的大量支出是用于其经济寿命比会计期长的资产和活动，因此，不容易估算是可能的。长期发生作用的支出将根据规定把成本分摊到各会计时期中，并要作出调整以应付政府报表要求与预测问题。大部分时间的预测有失误，有时候失误还相当严重。人们熟知的在现在和未来会计时期之间分摊支出的衡量问题又起作用了。在历史上以不同价格购买的“相同”资产在今天有不同的
107 估价。估算有形资产的存在时期，并根据这种估算来计算折旧费也是十分任意的。即使有形资产与无形资产的经济寿命是相同的，用于它们的支出也是不同的；这方面的一个显著例子是广告“花费”和研究支出。当论述这些支出时仿佛它们的服务完全可以在会计时期内得到。

在会计报表中包括的信息越不确定，这些衡量问题也就越严重。在两个企业之间。其中第一个企业主要支出于在同一会计时

期内可以得到其服务的投入品，而第二个企业主要支出于创造有形与无形资产，那么，第一个企业就缺少冒险性，并且要更多地依靠会计报表。这个结论可以检验。

很早就有人企图根据在使有形资产与无形资产一致的处理中的差别来校正报表中的收益，但这是把不切实际的假设和令人怀疑的估算技术用于判断无形资产寿命的折旧。许多这类著作用回归分析估算了无形资本折旧率，即按有形资本支出的滞后价值来对今日的销售进行回归。这种估算有很大冲突。某些研究估算了广告支出的寿命为数年，而另一些研究得出了可以轻而易举地放在一两个会计时期内的寿命。①

这些研究的目的是要确定会计利润率与企业对广告的依赖之间是否存在联系，把广告支出与销售量的比率作为衡量标准是因为会计的做法是把广告支出作为花费，而不是作为这种支出的资本化。这个问题与这里所强调的略有不同，会计对广告（以及研究和开发）支出的处理会使某些企业记录的利润率高于其他企业，但投资市场可能已经认识到了这个“事实”。从而也就无损于会计报表的信息质量了。因此，这个问题对信息质量的损害是潜在的，但并没有潜在地高估或低估“真实”利润率。

这里用来判断信息内容是否受到损害的方法是全新的，并没有作出对无形资产寿命期的估算。相反，这种分析根据了按一定时期内对每种股票进行计算的报表收益与股票价格之间的关系。把这

① 作者已出版了一部这类研究著作，虽然这种研究并不想估算折旧率，但它的方法依靠了一个有力的假设，即各个企业折旧率的一致性。它的结论是：在衡量会计收益率中，广告支出引起了高估。参看德姆塞茨的著作（1979）。

些作为会计收益信息内容的指数，该理论就是，较高水平的信息内容将使这种相关性较强。因此，低相关性就表明了信息质量不高。此外，这些相关性也可以根据一些变量对各种股票进行回归，这些变量是(1)影响会计信息质量的预期，以及(2)由于与信息质量无关而影响价格-收益率的预期。

108 表5-4　根据广告、研究与开发和资本支出程度衡量标准与股票利润时间趋势形式回归的股票，价格与股票利润之间的关系

解释变量与 R^2	c(t，t)	c(t，t+1)	c(t，平均值：t-1，t，t+1)
截距	0.364 (8.29)	0.235 (5.64)	0.247 (4.83)
广告 / 销售量	−0.142 (−0.48)	−0.536 (−1.92)	−0.586 (−1.72)
研究与开发 / 销售量	−0.787 (−1.21)	−1.562 (−2.53)	−1.076 (−1.43)
资本品支出 / 销售量	−0.562 (−2.40)	−0.626 (−2.82)	−0.696 (−2.56)
绝对斜率	0.539 (1.53)	0.876 (2.68)	0.649 (1.62)
中值平方根	0.023 (0.525)	0.012 (0.30)	0.047 (0.93)
调整的 R^2	0.36	0.124	0.072

表5-4说明了用三个相关系数进行OLS回归估算的结果，这三个系数是C(t，t)、C(t，t+1)以及C(t，平均值：t-1，t，t+1)，它们作为因变量。C(t，t)是对某一时期的每种股票衡量的t时期股票价格与t时期股票收益之间的相关性，C(t，t+1)是对某一时期的每种股票衡量的当年股票价格与下一年股票收益之间的相关性，C(t，平均值：t-1，t，t+1)是把这三个相关系数的平均值作为

因变量，这三个相关系数是：当年股票价格与上一年股票收益之间的相关系数，当年股票价格与当年股票收益之间的相关系数，以及当年股票价格与下一年股票收益之间的相关系数。

期望反映会计信息质量的解释变量是广告支出、研究与开发支出，以及资本品支出，所有的支出都用它与销售额的比率来衡量。广告和研究与开发支出越重要，无形资本问题就越重要；资本品支出越重要，历史资产获得成本的作用就越重要。如果这些投入品的使用增加了解释会计报表的困难，就可以预期这些变量为负相关。

股票价格和股票收益之间的关系也要受到预期的股票收益时 109
间趋势的影响，因为股票价格是一个向前看的指数。与没有表现出某种趋势的股票相比，一种每股收益预期上升或下降的股票表现出的今天的股票价格与明天的股票收益之间的相关性要大于今天的股票价格与今天的股票收益之间的相关性。可以计算出每种股票的股票收益趋势的斜率系数的绝对值，并包含一个解释变量。由于既定的股票收益斜率系数越重要，股票收益的平均水平也越低，所以，后一个变量，即年度股票收益的中值平方根（由于某些收益是负的）包括在一组解释变量中。

表 5-4 根据以前给出的五个变量得出了这三种相关系数每一种的回归结果。观察数值大大低于表 5-2 和表 5-3 的数字，这是因为在表 5-4 中只有一个企业有表 5-4 所用的广告和研究与开发支出的完整报表。对所有这三种相关系数来说，调整后的 R 平方值是非常低的。因此，如果各种股票系统变化的话，股票价格与股票收益之间相关性的强度就应该取决于那些没有包括在现在研究中的变量。但是，已反映出了某些统计上重要的系数，特别是对 C（t, t+1）和C（t，平均值）的回归，而且有关广告、研究与开发和资本支出比率的代数符号都是负的。资本支出与销售之比就其对价格-收益相关性的影响而言，看来在统计中最肯定是负的，研究与开发虽然在统计上并不太肯定是负的，但看来对这些相关性有最大的平均负影响。收益时间趋势的绝对斜率越大，在t时的股票价格与t+1时的股票收益之间的相关性也就越强，而且，这被认为是从按前瞻方式决定的股票价格中得出的预期。但是，收益的中值平方根对价格-收益相关性没有影响。

把表5-2、表5-3和表5-4放在一起，就提供了说明会计收益对投资者有用的证据，会计信息的影响平均分布在一定时期中；而且，当企业使用了会计师较难评估的投入品时，这种信息的质量就会受到一些损害。把会计资料作为有害的不是有失公正的吗？根据无形资本和历史获得成本问题对这些资料进行批评看来是有长处的，但会计师面临着预期经济活动和衡量资产重置成本问题——批评使这些方面的困难得以改善，但改善并不是不可能的。

第六篇　管理者报酬与比赛理论

在这篇文章中，我的目的是参与当前关于管理者报酬的争论，并特别强调用比赛理论解释总经理的高报酬。除了有关比赛报酬理论的著作外，当前大多数关于管理者报酬的研究都撇开了经理报酬水平问题。他们都只考虑总经理报酬对企业业绩的敏感性〔卢埃林(1971)，詹森与墨菲(1990)，马尔道赫(1991)〕[①]。因此，他们的技术是研究企业股本价值变动与总经理报酬变动之间的统计关系；并用前者作为对总经理生产率的衡量。本文的研究是，要考察在管理等级内总经理报酬的水平以及报酬的构成，但关于总经理报酬对企业业绩的敏感性则可能谈得很少。

与管理者报酬对企业业绩敏感性相关的某些问题

对这一点的讨论正说明了衡量生产率是多么困难。的确，就所关心的高层管理者的生产率而言，企业业绩是这种衡量的一个重要

---

① 这些研究发现：(1)平均而言，总经理报酬对企业业绩并不十分敏感(詹森与墨菲)；(2)在不同公司中，总经理报酬的敏感性变化相当大(马尔道赫)；(3)敏感性是行业特征，但它也与企业特殊风险相关(马尔道赫)。

方面；但在这种研究中，总体上把问题过分简单化了。这就是把业绩的股票价格衡量看得如此重要，好像它是总经理生产率的唯一标准。这些研究中更重要的是使用了一个有用的假设，即如果激励是适当的话，业绩的货币变动应当转变为总经理报酬的货币变动。这个假设加剧了轻信，包括主要股东和董事会成员在内的团队成员生产率的相互依赖性反对这种从货币向货币的转变。但是，比这些考虑进一步的是另一种情况。企业业绩生产率的衡量看来倾向反对由业绩敏感性分析说明的结论，因为纯粹的外生事件对衡量的业绩也有影响。大石油公司的总经理通常只能实现股本价值的一小点
111 变动。战争的发生可能引起股本价值的大幅度变动，认为股东作为一种奖励业绩的行为会按战争所引起的企业股本价值增加的百分比来改变总经理的报酬是不合理的。即使是敏感的报酬计划也要体现由于总经理的行为而引起的股本价值的大部分变动，这种计划也竭力要减弱与总经理决策无关的事件对报酬的影响。由于无法区分股本价值变动的各种来源，因而总经理报酬的企业业绩敏感性的统计工作就低估了总经理报酬对由于总经理管理所引起的股本价值变动的反映。

有关业绩对总经理报酬影响的研究在某个方面认识到了这一点，他们根据市场有价证券价值变化把一些特定企业股票价格的变化标准化了。这种标准化是合理的，因为某些特定公司总经理的行为并不影响市场有价证券的价值。因此，用股票价格变动（加股票红利变动）来衡量的企业业绩的变动就应当排除与股票市场一般变动相关的股票价格变动，但是，不影响一般股票市场的外生事件与这些研究所排除的因素并不一样，相反他们忽略了这一问题。为了

奖励或惩罚总经理而实行报酬计划并不能明确地区分股本价值变动的原因。例如，用一个报酬委员会来评价股票价格的较大变动，以便决定哪一部分股票价格变动是由总经理的决策引起的，哪一部分是由其他人的行为或某些完全外生的事件引起的，这种做法是不现实、不可信的错误倾向。因此，报酬计划中要加入一揽子报酬之内的敏感因子要小于如果它只反映因为总经理的决策和行为而引起的业绩变动时的情况。这个较小的敏感因子正是要估计的。

有股票选择权的总经理报酬把报酬与他们企业的股票市场业绩联系在一起了，无论这种业绩是由于总经理的决策，还是由于外生事件。固定的薪水报酬消除了使外生事件影响报酬的错误，但又引起了当业绩是由于总经理决策时不改变报酬的错误。实际的报酬制度确实想平衡这些错误，一种做法是总经理的报酬部分根据固定薪水，而部分根据股本价值的变动。在其他条件不变的情况下，对报酬中两部分的偏重反映了企业股票市场价值对外生冲击的敏感程度以及可以期望的总经理影响市场价值的程度。对于股本价 112
值有重要影响的企业，以及受外生冲击不大的企业，总经理在决定报酬时重视股票市场业绩。与此相反的企业，即总经理没有重要影响而外生事件重要的企业，在决定报酬时就不大重视股票市场业绩。这两种情况混合的企业对股票市场业绩的重视是适中的。各企业中股本价值变动转变成总经理报酬变动的比例也由于这些考虑而不同，但股本价值变动的高比例与低比例与企图反映生产率的报酬计划是完全一致的。[1]

---

① 这些考虑会产生一些可以检验的假设。例如，有一些企业的股票表现出很高

即使总经理报酬与股票价格没有直接联系，这种报酬中由股票价格短期变动或多或少地引起的那一部分也会受(预期的)生产率的影响。一个人的业绩纪录在他成为总经理时已经得到考察。这种历史情况和企业出于面子的考虑肯定会影响报酬计划中薪水部分的大小。还应该注意到的是地位本身，尤其是要注意企业规模。企业规模提供了与工作业绩相关的难度与责任的指数；因此，企业越大倾向于支付的薪水越高。领导一个大企业的总经理还有一些补偿性利益，诸如企业界与社会的地位，以及个人的满足，但这并不像影响总经理报酬的企业规模那样明显。

即使业绩反映了超出管理者控制的事件，报酬计划中与股票价格相联系的那一部分也会使业绩特别好的总经理得到奖励，而业绩特别差的总经理蒙受损失。但是，用股票选择权授奖要在一年期间重新作出决定，而且，如果由于外生事件业绩呈现出多样化，那么，就会减少对股票选择权的利用。这就使报酬计划中的这部分有短期作用，并使报酬计划不像第一种那样呆板。报酬中的薪水部分可以逐年调整，但就其性质而言，薪水的调整更可能是小量的。薪水部分的主体持续时间越长，其作用也就越稳定。

如果至少风险厌恶是一般总经理心理组成的一部分的话，那么，局势对总经理声望、事业的影响和收入的风险越大，得到的报酬也应该越高。但是，在报酬计划的这两部分中，哪一部分包含了

的系统性风险，这种风险通常是企业所属行业的反映，并不是该行业内总经理业绩的反映，这就支持不侧重于企业股票价格绝对水平的报酬计划。这类同样的企业也会更加重视本企业相对于同行业其他企业的股票价格。一种股票表现出低系统风险或高企业特殊风险的企业在其报酬计划中会更加重视企业股票价格的水平。

风险贴水并不明显。正常情况下，可以认为风险贴水反映在薪水部 113
分中，但也可以反映在与企业短期业绩相关的那一部分中。这一部分与股票价格的不对称联系可以反映出承担风险的报酬。例如，股票选择权最低时其价值为零，但没有最高限制。这种不对称性可以代表风险贴水的支付，它甚至可以大得导致更低的报酬中使市场出清的薪水部分。在这种情况下，即使总经理是一个风险厌恶者，薪水部分也会与风险状况负相关，即在报酬与企业业绩的不对称联系中发现承担风险的贴水。

企业规模和总经理报酬的水平

企业规模和总经理报酬之间的基本统计关系是正相关的，一些研究中反映出了这种情况，可以根据总经理的生产率来证明这一点。企业越大，总经理的责任就越大，一般而言，需要选出非常有能力的人的可能性越大。有远见而且相当活跃的总经理可以在几个方面证明自己的能力等级，但其中最重要的无疑是成功地管理其他企业。一般而言，总经理是通过先管理小企业，然后管理较大企业，最后管理超大型企业来逐级提高自己能力声望的。可以说，任务的复杂性和完成任务的重要性与企业规模密切相关。家庭经营的杂货店的失败对该家庭来说可能是非常严重的，但大公司的失败所引起的结果要重要得多，这种看法就确立了总经理报酬中企业规模与报酬差别之间的生产率联系。但是，主导型大企业可以把声望与权力作为特殊的奖励，而这就反对认为在有没有声望与权力因素时企业规模与报酬之间的联系同样紧密的观点。

然而，关于企业规模和总经理报酬之间的联系还有另一种生产率解释。高薪水可能是一种借以建立并明确企业权威集中的工具。如果总经理和副总经理得到了同样的工资，那么，就存在谁拥有权威的疑问。如果认为把指挥权交给总经理支配是合意的，那么总经理的报酬在相当大程度上超过其下面的人得到的水平就是有用的。一个地位与等级差别很小的社会也是一个建立权威需要更大工资差别的社会。根据这种推理，像德国和日本这样国家的工资差别就
114 应该（而且也是）比美国这样头衔没有什么意义的国家小。在大企业中，工资差别也应该大。在大企业中权威更易于分散，而且复杂的等级结构又使实际的权力中心模糊。工资差别可以引起一个更为重要的控制中心。

因此，有足够的生产率和报酬差别的理由可以预期：企业越大，向其主要领导所支付的报酬水平越高。但是，这种关系并不一定意味着总经理薪水和企业业绩之间存在着同样强的相关性。工作中的纪律至少部分要通过降级、辞退，或撤销业绩不好的总经理在公司中的权力来实现，在总经理薪水保持大致不变时，等待从国外来的新总经理。金永山在他（1993）的学位论文中说明了，总经理工作失误概率和企业业绩不良之间在统计上存在着密切的关系。早期研究中揭示了这种关系，但不像金永山发现的这样密切。这是因为，早期研究主要是通过考察现在的企业业绩来衡量业绩的。金永山包括了当前业绩的衡量，也包括了过去业绩的衡量，这种结合大大加强了企业业绩与总经理被辞退概率之间的相关性。在某种程度上，这种纪律形式起到了作用，也是有用的，要达到对总经理有效的惩罚并不一定要一直依靠企业业绩和总经理薪水之间的密切联系。

罗森(1982)对总经理报酬和企业规模之间的联系提出了一种不同的解释，这种解释所依据的是外部性。他认为，企业规模和总经理生产率之所以相关，是因为在整个组织中总经理的业绩有一种引起波浪式的或“倍增”的影响，也是因为市场把能力更强的管理人员给予了大企业，就可以看作是对总经理生产率这种倍增内容的资本化。因此，可以把企业规模和管理者报酬之间的相关性作为生产率工资理论的一个应用。总经理倍增影响解释了控制大企业的人得到高水平薪水的原因。但是，罗森并没有把自己的全部思考放在这一点上。他与拉齐尔合写的文章(拉齐尔与罗森，1981)提出了比赛报酬理论，这种理论把总经理的报酬与总经理的生产率分开了。

比 赛 理 论

在由拉齐尔和罗森系统论述的比赛理论中，总经理报酬是给予那些成为总经理的人的奖金，这不是因为这些人的生产率与这种奖金等值，而是因为赢得这种奖金的竞争会使所有第二层管理人员付 115
出更多的努力。从表面上看，冲突就可以解决了。总经理业绩倍增内容解释了不同规模企业总经理的工资差别，而总经理报酬的比赛内容解释了一个企业内部报酬结构内的工资差别。在一种情况下，总经理报酬是由总经理的生产率决定的，而在另一种情况下并不是这样，而且，有充分的理由把大企业与小企业之间总经理报酬的差别作为对排在前列的小企业业绩良好的比赛激励。不考虑总经理高报酬的倍增解释和比赛解释之间的冲突，值得更多地讨论的是竞赛解释的其他困难。

拉齐尔和罗森出于两个原因提出了管理者报酬的比赛解释。在他们看来，大公司总经理得到大量报酬要求有一种不取决于总经理生产率的解释，而且，在他们看来，那些被选作总经理的人的生产率并不比从中选出总经理的第二个管理同事集团的人高多少。由于同事集团的能力能够和那些被选作总经理的人一样执行总经理的任务，所以，总经理和下一层管理人员报酬之间的任何重大差别都应该取消。因此，总经理报酬之高所引起的巨大差别存在就要求一种与直接生产率理论提出的解释不同的报酬解释。他们的文章的动机明确地说明了这个问题：

> 显而易见，一个公司副总裁的薪水要比同一公司的总裁低得多。总裁通常是从副总裁阶层中选出来的。在一个人被从副总裁推举为总裁的那一天，他的薪水可以增加三倍。很难认为他的能力在那一天就提高了三倍，这就向传统理论提出了难题，在传统理论中供给因素使这两种职务的工资将趋于相等，但是，当根据奖金来作出解释时，这就不是一个难题了。公司总裁被认为是他得到高奖金的那场竞争中的胜利者。……他的工资的确定并不一定因为这反映了他现在当总裁的生产率，而是因为这种工资会诱使一个人或所有其他人努力去接近他们处于更高位置的时间。[①]

① 拉齐尔与罗森：《作为最优劳动契约的排序竞赛》，载《政治经济学杂志》，1981年，第847页。

这也与企业规模对报酬的适用性有关。如果说简单的生产率理论不能解释随着从第二个等级提拔到最高地位时报酬大幅度增加的原因，那么，这两种理论都不能解释随着从小企业进入大企业，总经理报酬大幅度增加的原因。据认为，优秀的总经理替代者的充分供给影响大企业与小企业之间以及企业内部的工资差别。因此，116
罗森关于企业规模与总经理报酬之间正相关的“倍增生产率”理论，看来就由于拉齐尔和罗森关于总经理报酬与第二个管理者层次报酬之间差额的竞赛解释而处于危难状态之中。[①]

拉齐尔和罗森把排序报酬作为避免根据可衡量的生产率而不是根据谁做得**最好**来决定报酬时必须承担的信息费用的一种方法。如果可以无代价地得到有关生产率的信息，就会向第二层次管理者提供一种不再刺激生产率的工资计划。从赢家的观点来看，总经理报酬奖金的产生正是所需要的。在仍然按生产率向总经理支付报酬的情况下，可以得到来自第二层次管理者有效的努力水平。他们认为，排序提拔与高于总经理生产率的总经理报酬相结合，能更有

① 马尔科姆森(1984)的观点比拉齐尔和罗森的观点更新，这种观点对比赛型报酬提出了一种不同的解释。这种解释的方法是，保证雇主在承诺向雇员提供劳务的工资支付方面不会违约。需要这种保证是因为雇员不能准确地知道管理者决定工资所依据的生产率估算，从而他们就难以了解雇主是否能履行根据生产率提高来增加工资的隐含性协议。比如说，提拔某一雇员集团中的一部分人，这种提拔是根据业绩的排序而不是根据绝对生产率，这被认为是提供了一种明显而又有强制性的工资过程的方法。反过来，这种强制性又意味着变成了对雇员的工作激励。减少机会主义问题的排序报酬能力是提高企业生产率的源泉，但是，在任何一种单一工资中，例如，在总经理报酬中，所反映的并不是生产率。应该说，如果采用了一种不同工资决定过程，那么，就可以认为它使整个工资(以及红利和收益)结构提高到了它应有的水平之上。马尔科姆森对这种类型报酬制度的推理并没有直接转变成总经理极高的工资；相反，它对排序报酬和提拔这一对问题提供了一种解释。

效地达到合意结果，因为获得生产率的信息是困难的。

我对总经理报酬的比赛奖金内容没有什么怀疑，无论其理由是避免机会主义还是减少信息费用，但是，比赛型报酬的基础和数量上的重要性是值得探讨的问题。总经理工资和竞争总经理位置的管理者工资之间的正确分布假设了风险中性偏好，如果可以无费用地衡量生产率，那么，这种分布就是由边际生产率考虑支配的。如果信息费用降低了生产率计算的准确性，那么，最优分布是否越来越大(或越小)，这一点并不明显。

企业在均衡中最终要支付由竞争的管理者进行的人力资本投资和努力的费用(正如拉齐尔和罗森所承认的)。它的兴趣并不是
117 鼓励那些提供劳务的人过分努力与投资。根据边际原理，合意的努力量是它所增加的产品价值和增加的成本相等。如果偏好是风险中性的，如果总经理地位只是赢得奖金报酬的符号(而不是需要更多努力与能力)，那么，赢得总经理地位的报酬就应该等于追求这一位置的竞争者所作出的努力总和的边际产量价值。在风险厌恶时，这种奖金应该确定在一个高水平上；在风险喜爱时，这种奖金应该确定在一个低水平上，但是，这些根据风险的调整也是报酬的边际生产率制度所要求的。

把这种奖金和高层管理者工资确定在一个与比赛适应的水平上，要求具备有关生产率的知识或预期。在某种程度上，这种知识的获得是困难的，这就使奖金制度和按生产率支付制度一样面临着同样问题的折磨。如果承认信息费用的合理性，那么，使用比赛理论所需要证明的就是：相信比赛理论可以减少获得信息的费用或降低工资决定中的失误。在这方面，拉齐尔和罗森所提出的理论完全

不能令人满意。

> 由衡量理论所得出的基本观点是……基数级别根据的是目标的基本顺序或序数级别。在那种意义上，序数级别是“更弱的”，而且要求比基数级别要少得多。如果观察排序比观察个人产量水平的费用少，那么，比赛理论就优于分片比率和（产量）标准。另一方面，某些产量易于观察的职业节省了使用分片比率或（产量）标准或某种结合的资源，而且，按比赛理论的要求，也避免了与其他人进行直接比较的必要性。

就回答“谁将被提拔”这一问题而言，这种看法正确吗？如果问题是“总经理和高层管理人员报酬的适当水平是什么”，那么，它是不正确的。回答第二种类型问题所需要的是好的生产率估算，而不是排序，但是，如果信息是有代价的，那么，据认为要确保这种估算是困难的，因此，比赛报酬所依赖的信息费用的合理性削弱了确定奖金和高层报酬水平的能力，要根据信息费用合理性得出比赛理论对解释管理者工资结构是重要的这一结论很困难。

对这种合理性的怀疑由于我们了解比赛报酬是重要的这一情况的性质而加强了。排序显然决定了报酬类型的活动是竞争的运动员之间的比赛，但是，为了决定在体育项目中的报酬而用于衡量生产率的费用和确立排序所需要的费用相比，也多不了多少。节省费用的合理性正是在排序报酬的情况下失败的，这显然是重要的。决定谁排在第一，谁排在第二，谁排在第三，要求有一个与生产率 118
密切相关的业绩标准——高尔夫球比赛中进一个洞的杆数，网球比赛中的场数，篮球比赛中的分数，冲过终点线的序数，等等。如果说这个标准基本与生产率无关，它就注定不能成为一个可接受的决定顺序的标准。[①]

这种同样的标准可以轻而易举地用于根据生产率决定报酬，例如，在一场高尔夫球比赛中根据绝对成绩来支付报酬是容易的，这就像在分片比率制度中一样，报酬与进一个洞的杆数是成比例的。用这种绝对生产率报酬制度来代替赢者优先的比赛制度并不需要增加什么知识。这对许多竞争性体育都是正确的。可以按一方得到的分数减去对手得到的分数，而不是按谁赢了这场比赛来向竞争的团队支付报酬。尽管绝对生产率看来是很容易衡量的，但排序报酬也用于大多数竞争性体育，这表明在所认定的信息费用减少中并不总能发现排序报酬的原因。

职业体育是可行的，因为可以设计并公平地执行游戏规则，以及创造其结果完全不取决于外生考虑的竞赛，这使得衡量生产率和排序都较为容易。各参赛者游戏条件共性加上游戏规则监督与惩罚违规者的能力就使得结束的排序是一个“公正”的标准，根据这个标准可以判断最优者、次优者和其他参赛者。

为了实现竞争的管理者之间的竞赛，实现“公平竞赛”条件的费用就要高得多了，这是衡量管理者生产率困难的一个方面，而且，虽然它意味着更多的信息费用，但它也减少了比赛报酬作为奖励企业管理者一种方法的有用性。因此，管理者情况中固有的信息问题是否支持更多地依靠比赛报酬并不清楚。如果要通过求助于排序

① 专业体育比赛也并不十分适于由马尔科姆森所提出的机会主义情况。

报酬来减少衡量管理者生产率的费用，那么，有代价地衡量管理者的生产率使得减少这种费用是值得的，但是缺乏一个用以决定可接受的排序的简单指数，使得比赛报酬在刺激有效的努力水平方面效率并不高。

当公平竞赛的条件可以实现时，就易于设计一种指数来选择赢家和输家。指数的可接受性反过来又使得选择水平接近的参赛者是容易的。让最相当的参赛者相互比赛的能力减少了在业绩水平 119
中出现大的差别的可能性。避免这种大的差别减少了排序报酬所引起的一个重要问题的严重性。这就是如果各种成绩之间的差别如此之大，以至于改变结果的机会很小，那么就可以预期竞争的参赛者努力的损失。即使在业绩水平上存在很大差距，根据生产率而不是根据排序决定报酬就鼓励了参赛者双方的努力。值得注意的是，体育团体的一个重要目的就是安排各种事务，以便在一定时期内使各团队之间的实力达到大体上相等。没有参赛者之间的大体相等，排序报酬能否长期存在下去就值得怀疑了。

公平的竞赛和可强制实施的游戏规则减少了排序报酬另一个重要问题的严重性，否则鼓励这种报酬制度就会挫伤竞争者的努力。根据生产率决定报酬不会引起类似严重的挫伤问题，因为一个人的报酬多少不取决于其他人。排序提拔使得参赛者的业绩在决定自己的机会中至关重要。

排序报酬在体育运动场合中有优越性，但这与节省信息费用没有联系。在这种场合中，参赛者的极大努力看来主要根据排序报酬来判断。生产率由观众的满意程度而不由实物产量来衡量，而且，在体育运动范围内，观众所想要的是“竭尽全力”的努力。报酬制度的设计就是要引起这种努力。如果事前规定的条件(公平竞赛，可强制的规则，以及实力相当的参赛者)可以轻而易举地得到满足，那么，一项活动就可变成一种体育项目。在这些条件之下，排序报酬制度可以引起高水平的努力，因为即使是成绩排第二位的参赛者也得不到大笔奖金。增强成绩差别小的报酬含义的正是提高了用观看运动项目的观众的满意程度衡量的参赛者的联合生产率。这是比赛报酬的一种与以信息费用为基础的合理性不同的合理性。按生产率给第二名的报酬与第一名几乎相等。当成绩接近时，这种做法不鼓励作出最大的努力。参赛者的共同产品决定了竞赛的质量，而且，如果奖励参赛者时用似乎有理的指数而不是绝对生产率来确定排序会做得更好，那么，共同的努力就很可能会更大。

企业经营场合的竞争在这些方面与体育比赛没有多少共同之处。在(同一企业)竞争的企业管理者之间的竞争中，这些前提条件是难以实现的。管理者的任务在许多方面往往是不同的，而且，很难考虑到影响这些工作业绩的外生条件。简而言之，与生产率似乎有关的可接受排序指数并不明显。这些复杂性也使得保证竞争
120 的管理者事实上是相当困难的。在这种场合下依靠排序可能不会鼓励努力，因为那些不指望获胜的人也得不到为获胜而付出的额外努力的报酬；此外，还因为要设计出公平竞赛的规则也是困难的，排序报酬可能鼓励了对竞争者努力的挫伤。因此，在企业的场合下，排序报酬制度所引起的团队生产率比依靠工作时间和其他粗略的一般生产率指数的制度要小。这些指数的平衡要求判断，而不是简单的成绩观察。要确定比赛理论的合理性能否有力地解释管理者的报酬看来还需要经验研究。比赛理论并没有为这种研究提供

什么指导。在比赛报酬理论的最初形成中，主要关心的似乎是要证明这种报酬制度有潜在的效率，并没有更多地注意提出可检验的结果。例如，拉齐尔和罗森证明了，在某些概念性条件（即竞争的劳动与产品市场）和解决标准（即纳什均衡）下，排序报酬可以引起生产性投入品的有效配置。这就表明，存在一组奖金，比如说 W(1) 和 W(2)，当根据排序业绩提供奖金时，就引起有效的劳动努力和人力资本投资。这个结论反映了作者的愿望是研究排序报酬的潜在效率，但是，还存在着一个实证的内容。

如果纳什解的概念是可以接受的，而且，如果假设联系投入品努力与产量的误差项是正态分布的，那么，该理论还说明了，在 W(1) 和 W(2) 之间的最优分布——能引起有效解的分布——是增加误差项的变动。如果采用了比赛报酬，这就要求预期奖金获得者之间的分布，但是它并不认为，随着误差项变动的增加，比赛报酬也就可以更有效地替代以生产率为基础的报酬。

对各种报酬水平的预期分布可以作出一个直观的解释。在 W(1) 和 W(2) 之间的分布越大，对那部分工人努力和人力资本投资的鼓励就越大，因为对于高出竞争对手者的奖金是高的。从雇主的角度来看，工人更多的努力和人力资本投资并不总是合意的。竞争的均衡要求企业支付的工资能补偿引起劳动供给的费用。只有在企业从增加工人的产量实现的边际收益产量超过了由于提供工资引起的增加努力和人力资本投资的边际成本时，企业才认为这样做是值
得的。如果排序主要由与反应这种努力与成本不同的因素决定，有 121
远见的工人就不愿意努力劳动和进行人力资本投资。把工人的劳动投入与产量联系起来的误差项变动越大，排序将由这类因素决定

的机会也越大，因此，误差项变动大并不鼓励工人投资。由于（在两个雇员竞争的情况下）雇主要向两个工人支付报酬，一个报酬高而另一个报酬低，他对排序部分由外生因素决定的事实基本漠不关心。只有外生因素不发生作用，雇主才会得到工人的投资或努力。由于工资水平之间分布越大，引起工人越努力，投资越多，所以，误差项变动越大，有利于雇主利益的奖金分布也越大。这就使对获胜工人支付的工资大于较小分布，但这也使对失败工人的支付较低。

以生产率为基础的报酬理论并没有提出这种结论。让工资根据生产率的估算，而这种估算也会有失误。现在，如果工人是风险厌恶者，这种误差项变动越大，所能引起的工人努力和人力资本投资就越小。这就降低了平均生产率和平均报酬水平，但它对公司等级制中不同排序的报酬分布并不一定有什么含义。拉齐尔和罗森预期比赛报酬制度会提高这种分布，这是由于通过提供大量奖金来给低报酬工人以激励，但如果工人获得了提拔，这种奖金实际上并不取决于生产率。如果可以找到在制度上确立报酬与努力之间联系重要性的误差项的有用指数，比赛理论也仍然会受到经验研究的限制。

虽然已有一些经验研究（尽管不是关于这一点的），但是与比赛理论充其量只有肤浅的关系。高层管理人员不同水平的报酬的变化率的大小与提拔时间之间存在着正相关关系（伦纳德，1990）。高尔夫球场上的表现随酬金表斜度的提高而提高（埃伦伯格和博格那诺，1990）。随着高层管理者工资结构中相邻地位报酬差额比率的提高，相比较的邻近地位的报酬结构也上升（梅因，奥赖利和韦德，

1993)。[1] 这些发现没有否定比赛理论，它们与该理论是一致的，但它们也与其他许多似乎值得相信的理论是一致的，例如，可以用责任和其他生产率衡量标准的不对称性来解释工资差别的不对称性。122
要弄清楚这些问题还需要进一步的经验研究。

管理者报酬的一个经验研究

这里所进行的统计研究既考察了比赛型报酬的重要性，又考察了影响总经理报酬量的因素。这种分析是横断面的，比较了各企业 1978—1984 年计算的平均资料，使用了三个资料来源，专门用于现在研究的资料来源是由美国证券交易委员会（SEC）代理保管的。用这种资料得出 1978—1984 年 100 家制造业公司的等级管理结构中管理者连续水平的报酬资料。选择 1978—1984 年是因为它涵盖的年数在第二和第三个资料来源的时期以内。其他两个来源是 1985 年德姆塞茨和莱恩关于所有权结构的研究，以及 1991 年马尔道赫关于各企业中与企业市场业绩变动一致的报酬变动程度的研究。

美国证券交易委员会样本中的所有企业也在德姆塞茨-莱恩研究的样本中，当只使用这两种研究中的资料时，就把这 100 家企业样本都考虑在内了。美国证券交易委员会样本的某些企业不在马尔道赫样本之内，当资料是由这两种样本结合而来时，样本数就减

① 这个发现根据的是与下一部分所用的资料类似的资料，在那一部分它得到了证明。

少了；所研究的各个变量减少的企业数不同，但一般的数字很少大于 20 家企业。表 6-1 中给出了资料的定义与来源，表 6-2 和表 6-3 给出了所选变量的总结性统计，表 6-3 用于报酬变量。①

123 表 6-1　资料定义与来源

对每一个企业：

s1，s2，s3，s4：1978—1984 年向 100 家企业平均的薪金加现金奖金（单位为 1000 美元），这里的数字表示的是根据总经理报酬指数化的薪金排序。资料来自美国证券交易委员会代理的 100 家企业。

r12，r13，r14：比率，分别等于 s1/s2，s1/s3，sl/s4。

esi……esj：si……sj 的解释值，根据企业规模和五年平均的股票市场衡量的收益率的对数对每个变量进行 OLS 回归而计算出来。

dRij=si/sj−esi/esj=rij−esi/esj= 无法解释的 rij 实际值与预期值的背离。

p1：由企业的报酬计划决定的总经理报酬（单位 1000 美元）。这个对报酬的更广泛衡量包括 s1，延期支付的报酬，在公司贷款中的储蓄，贴现的预期退休收益的变动，以及从股票选择权中得到的收入，受限制的股票收益和业绩股单位。（资料来自马尔道赫的研究。）

upl：无法解释的 p1 与预期值的背离，在这里预期值是从对 p1 和两个变量——企业规模对数和五年平均股票市场衡量的收益率——之间关系的 OLS 回归估算得出的。

spl：p1 对企业业绩的敏感性，对每个企业的一段时期内用每千美元市场股本价值变动量的 p1 变动量来衡量。

---

①　表 6-2 中 a5 的中值略高于整个德姆塞茨和莱思样本中的数值（对 100 家企业样本为 27.2，对德姆塞茨和莱思的 511 家企业为 24.8）；这主要是由于这里所用的 100 个企业样本不包括公用事业企业。表 6-2 中有一项应说明一下：总经理任职期的最大值 y。一个总经理当了一个公司 50 年董事长的情况是例外。达到这个值的企业是西北钢管公司。在总经理担任了 50 年董事长时，他的年纪为 70 岁。西北钢管公司是成立较晚的公司，在这个研究中记载总经理为 70 岁时，公司成立才 50 年。因此，这个企业创建时，总经理为 20 岁。如果报表记载的数字正确的话，我发现没有理由怀疑 70 岁的总经理必定是在最初成立的公司中。

续表

fsize 和 Ifs：分别为企业规模（单位 1000 美元）和企业规模对数，用股本价值加长期债券的账面价值来衡量。（资料来自德姆塞茨和莱恩的研究。）
a5：所有权集中程度，用五家最大股与所拥有的股份百分比来衡量。（资料来自德姆塞茨和莱恩的研究。）
ra5−da5/a5：在这里 da5 是现在样本的 100 家企业的实际 a5 与预期 a5 之间的差额。预期 a5 得出的是：在德姆塞茨和莱恩样本中包括在非管制部分的 406 家企业，把 a5 作为因变量，企业规模和企业特殊风险作为因变量，把这两个量联系起来进行回归。
stdr：标准背离，根据一定时期内每个企业的每月收益率的市场衡量来计算。（资料来自德姆塞茨和莱恩的研究。）
stspl：=stdr × spl：预期每月总经理报酬的变动量，用 stdr × spl 来衡量。
asr：1978—1980 年平均每年收益，用股票价格变动和红利来衡量。（根据马尔道赫的研究计算。）
ydir：总经理任职年致。（资料来自马尔道赫。）
caps：根据股权与 fsize 比率定义的资本结构。
cr4：SIC 行业的 4 位数企业的四家企业集中率。

变量及其在分析中作用的讨论

在分析这里所研究的两个问题时，这些变量的作用是作为经验研究的展开而讨论的，但这些变量的某些方面需要预备性评论。总经理报酬的两种衡量——s1 和 s2，是可以得到的。s1 是薪金加现金奖金，它可以从美国证券交易委员会的样本中得到，也可以得到管 124
理者集团中较低层次者的薪金加现金报酬的值，这些值用 s2、s3、S4 来表示，这些数字说明了逐步向下的报酬等级中的数量。p1 得自马尔道赫的资料，它是广义的总经理报酬的衡量。它包括 s1 加

表 6-2　所选变量的总结性统计

变量	观察值	中值	标准背离	最小值	最大值
s1	100	492 785.3	187044.7	131978	987836
p1	79	734 889.3	561029.1	174154	3934127
fsize	100	1741607	2829134	37462	1.78e+07
a5	100	27.1776	17.8557	6.9	86.88
da5	100	−0.3427169	0.7064401	−2.482898	0.728879
stsp1	100	0.08286	0.0211503	0.04	1.43
sp1	82	22.50281	26.42658	−15.09	96.48
asr	81	0.1787531	0.1114931	−1.37	0.470
ydir	78	14.24872	7.990103	4	50
caps	100	0.7746241	0.1652864	0.1654019	1

表 6-3　总结性统计：报酬结构

变量	观察值	中值	标准背离	最小值	最大值
p1	79	734889	561029	174154	3934127
s1	100	492785	187044	131978	987836
s2	100	357202	136220	92551	700280
s3	100	271855	104825	92551	513017
s4	100	239004	94680	82486	476065
s5	100	211637	86967	78511	430655
r12	100	1.405	0.262	0.884	2.341
r23	100	1.328	0.213	1	2.172
r34	100	1.144	0.107	1	1.609
r45	100	1.139	0.095	1	1.455
总结性统计：如果 s1>s2 的报酬结构					
p1	77	744745	564930	174154	3934127
s1	97	495331	188667	131978	987836
s2	97	354858	136718	92551	700280
s3	97	270540	105713	92551	513017
s4	97	238829	95751	82486	476065
s5	97	212194	88032	78511	430655
r12	97	1.419	0.253	1.014	2.341
r23	97	1.327	0.215	1	2.172
r34	97	1.139	0.097	1	1.464
r45	97	1.135	0.093	1	1.455

股票选择权的计算价值，有限的赠送的股份，以及企业对总经理的贷款。得不出管理等级制中低层次者的这个广义衡量。只有当按 s 定义的狭义形式衡量报酬时，才有可能研究薪金结构。

从形式上说，人们会认为报酬更广泛地衡量 p1 是用以反应对总经理报酬发生作用力量的更好工具，但并不总是这样。p1 要受到股票市场无法预测的行为的影响，而且在某些期间，p1 的不同值反映的股票市场情况可能比公司报酬意图要多。假定我们只关注企业规模对总经理报酬有什么影响，假定大企业对与业绩相关的报酬依靠较少，那么，在股票市场上升期间，p1 与企业规模之间的相关性倾向于是负的。小企业的总经理将有高报酬，因为股票市场价格上升，而根据假设，他们的大部分报酬来自股票的持有和选择权。在股票市场价格下降时期，企业规模与总经理报酬之间的相关性将倾向于是正的。另一方面，如果大企业对与业绩相关的报酬的依靠比小企业少，那么，这些相关性倾向于与所描述的情况相反。如果我们要确定企业规模一般如何影响总经理报酬，而且，如果我们依
靠 p1 来衡量报酬，就应该选择适于代表股票市场“牛市”与“熊市” 125
的各个时期。s1 更能表示与企业规模一致的正相关性，因为它的值很少取决于股票市场的价值。由于 s1 是报酬中变动小、投机性小的部分，所以，有时 s1 更适于表示报酬原则。

变量 s1、s2、……用于建立报酬率，用 rij 来表示。这些变量用来衡量管理者等级之间的相对报酬。例如，r12=s1/s2，r13=s1/s3。s1 与 s2 之间、s2 与 s3 之间以及 s3 与 s4 之间大概的平均差别分别为 40%、30% 和 14%。从较高等级的提拔会引起报酬的较大增加。

变量 a5 和 ra5 是一个企业所有权集中程度的两个衡量参数。a5 是一个公司股票中五家最大股东所拥有的股份份额。德姆塞茨和莱恩的研究表明，a5 取决于企业规模和企业特殊风险。ra5 是按这种思路构成的，这种构成依据了 a5 的预期，这种预期由 a5 对企业规模和企业特殊风险的 OLS 回归得出，回归是根据德姆塞茨和
126 莱恩研究中所用的大量制造业企业样本计算出来的。对现在样本中 100 家企业的每一个企业来说，ra5 是用实际的 a5 除实际 a5 与预期 a5 之差所得出的比率。因此，它就是按 a5 的标准来预期 a5 的误差，而且，它衡量出相对于以企业规模和企业特殊风险为基础的预期，所有权集中的程度太高了。结果 ra5 比 a5 还要重要一些，而且，在它与报酬的相关中仍然是这样。表明所有者在他们与职业管理者的代理关系中能保护自己的程度的，正是这里所依靠的所有权结构变量。

一个无法预测的 a5 的高值（一个 ra5 的高值）可以看作是表明了一种情况，在这种情况下集中的所有权作为一种监督管理者的机制特别有生产性；这也是尽管所有权集中程度提高会增加所有者面临的企业特殊风险，但所有者仍愿意具有更为集中的所有权地位的原因（在其他决定所有权集中程度的因素的值既定的情况下）。一个低得反常的 a5 可能表明了一种情况，在这种情况下所有权集中是一种无效的监督机制。在把 ra5 解释为所有权集中程度在实现监督职能中效率的衡量时，如果管理者的任命是总经理高报酬的一个重要来源，那么，ra5 和总经理报酬之间就存在着负相关关系。所有者的监督越有效，也就越能更好地控制总经理的报酬，而且，可以把 ra5 一个重要的负系数看作是表明了管理者任命问题的

存在。[①]

由于 ra5 是作为监督和惩罚管理者工具的所有权集中有效性的衡量，所以就可以得出，ra5 应该与有关管理者生产率信息的获得相关。比赛理论把总经理报酬与高层管理者报酬之间的大幅度分散作为鼓励努力的必要措施合理化了，这是因为缺乏有关生产率的信息。因此，从比赛报酬信息费用合理性的角度来看，ra5 应该与总经理和高级管理者报酬水平之间的报酬差额衡量有负相关关系。这样，ra5 就提供了一种用以确定以信息为基础的比赛理论和管理者任命的报酬重要性的工具。

企业规模 fsize 提供了一种管理者生产率的合理指数。把两个企业合并，并提出新企业的总经理的任务是否比合并前两个小企业 127
的总经理的任务更为困难而重要。大企业的管理更为困难，而且，被选定去管理大企业的人更可能有确实被证明了的优秀管理能力的记录。但是，总经理报酬和企业规模之间的基本关系是非线性的，而且，所提出来的回归方程使用了企业规模的对数 lfs。这种替代提高了回归方程的说服力。

利润用 asr 来衡量，是股东每月市场衡量的收益的五年平均值。这个变量提供了管理者生产率的第二个指数，其他报酬研究主要依靠像 asr 这样的衡量来评价总经理的业绩。

ydir 代表了总经理任职的年数。理论并没有向我们提供有关总经理任职年限对等级报酬结构影响的信息，而且，把这个变量包括

---

① 这种合理性暗中假设在德姆塞茨和莱恩的研究中所有权结构的决定没有完全模型化，而且，他们的模型所忽略的企业特点对所有权集中程度有影响，对所有者监督管理者的有效性可能也有影响。

在内主要是为了从经验上找出这种关系，并控制其影响。由于ydir可能与成功的业绩和(或)管理者任命相关，所以，包括它并不简单地是为了发现什么。

sp1是广义的总经理报酬对企业市场收益率变动的敏感程度，stdr是一个企业一段时期内衡量的市场收益率的标准方差。sp1和stdr的乘积这里用stsp1来表示，说明在一段时期内可以预期的每月总经理报酬变动的价值是多少。这样，stsp1就是对总经理报酬流量中固有的风险的衡量，而且，这就使我们可以确定风险对总经理报酬的重要性。也可以把这个变量解释为代表联系管理者努力与报酬的误差项的变动，因为企业股票的市场价格可能由于与管理者努力完全无关的理由而逐月变动；在这方面，它就像所有权集中程度一样，为评价以信息为基础的比赛理论解释工资差别的重要性提供了一种方法。但是，可能的情况是，管理者报酬价值预期的每月变动并不是管理者努力与报酬之间联系的长期(也许更重要的)误差倾向降低的良好指数。此外，如果要衡量管理者报酬的长期预期变动而不用stp1，那么，就存在把衡量努力中的失误与管理者生产率的真实差别混淆起来的危险。例如，按10年衡量的市场收益率的变动往往可能更多地反映了企业基本经营事务的变动，而不是报酬误差部分的变动。衡量逐月这样的短期变化所反映的基本变化可能少，而反映的报酬计划中的误差项可能多。由于并不知道确定衡量误差部分适当长度的最好方法，这就使得现在把stsp1作为
128 衡量生产率误差程度的一种衡量方法比用所有权分散性作为衡量方法还要模糊。

资本结构变量caps的构成与企业金融结构中股本的重要性正

相关，它用于确定自由现金流动与总经理报酬水平的相关性。自由现金流动理论指出，债务利息支付通过减轻管理者以损害股东利益为代价来追求自己目的的程度而限制管理者的行为。总经理报酬是一种明显的“自我目的”，而且，在某种程度上自由现金流动理论是有效的，caps 应该与总经理报酬正相关（因为如果股本总资产的比率越大，caps 就越大）。

subs 是一个哑变量，如果正在计算报酬的管理者管理着分公司，这个变量值就取 1。假定总经理负责企业，这样 subs 就从 subs2 变为 subs4，这样一直到 subs 结束表明管理者在企业等级报酬结构中的地位。例如，如果第 4 级管理者沿等级阶梯而下管理一个下属部门，subs4 的值就等于 1（相反则为零）。subs 用于表示，衡量底层管理者的生产率是容易的。如果底层管理者管理报表是分开的下属部门，他们的生产率就比他们的活动被纳入等级结构中更易于衡量，在等级结构中他们的生产率不容易确定。如果第二层管理者的业绩易于衡量，那么，比赛报酬就不太重要了。但是，由于作为下属部门领导人的管理者具有的能力可能大于未能承担这种同样责任的管理者，所以，因相对生产率也可能出现相反的关系；总经理的报酬和作为下属部门负责人的第二层管理人员的报酬之间的差额可以由于这两个原因中的任何一个而变小。

由于缺乏更多地依靠比赛型报酬的企业性质的讨论，就现在的目的而言，比赛理论是不完整的。如果可以确定这种性质，那么，就可以说明这种性质与报酬水平的结构差别是否相关。没有这种讨论就使得把不同管理者阶层之间的相对报酬作为对比赛报酬依赖程度的指数是必要的。正如表现出不同工资支付水平的两个企业，支付工资较高的企业注定更多地依靠比赛型报酬。工资支付的相对水平肯定是非常不完全的指数。工资支付相对高可能反映了高层管理者与低层管理者生产率之间的差别较大，而不是反映更多
129 地依靠比赛报酬。拉齐尔和罗森的理论中心强调的是，企业采用高额总经理报酬是为了使得报酬的差额大于总经理的能力所能支配的程度。这对高层管理者更激烈地竞争较高职务所提供的激励要大于总经理工资只能由总经理生产率决定时的情况。由于拉齐尔和罗森断言，被选作总经理的人的能力与失败的竞争者的能力之间并没有多大差别，所以支付工资较高不能归因于生产率差别较大。在这种论断为既定时，如果工资支付差别由能力差别决定，那么，这种差别就很小了。接受这种论断使得报酬相对规模是依靠比赛型报酬的一个良好指数。

因此，在拉齐尔与罗森对比赛理论的讨论中有若干假设在共同发生作用。一个假设是，各层次管理者之间的能力差别是小的。另一个假设是，工资支付差别大于根据能力差别所要求的程度是使高层管理者达到合意的努力水平所需要的。如果要根据总经理和以下一层管理人员之间没有很大能力差别这一观念的可接受性来检验比赛理论，那么，可以把报酬差别大小作为比赛报酬对一个企业重要性的指数。在这种情况下，报酬率 rij 就成为比赛报酬对公司报酬计划重要性的一个有用的指数。而且，由于 rij 把 s1 作为它的一个组成部分，所以，rij 和 s1 之间可衡量的相关性就可以简单地反映衡量报酬的误差。

不愿意接受赢家和输家之间能力没有很大差别的主张就要求在解释报酬相对水平时考虑到生产率的差别。可以通过考察各企

业管理者报酬变动的 OLS 回归来估算 Ifs 和 asr 的系数以实现这种企图。Ifs 和 asr 被作为管理者生产率的一个有用指数；这样，估算回归方程就得出了以生产率为依据的报酬预期。对两个高层报酬 s1 和 S2 分别进行回归。这些系数在用生产率指数进行预期时可以用于计算报酬水平。对不同水平的报酬，这些预期值称为 esl、es2……并形成 esl/es2……esi/esj 的比率；这些是相对于依据生产率差别所作预期的报酬。为了衡量实际报酬相对水平中不能用生产率差别解释的那一部分，又可以从实际报酬相对水平中减去这些值，可以把这种差别称为 dRij。如果两种报酬相对水平相等，dRij 为零；如果实际报酬相对水平大于预期的相对水平，dRij 为正；如果实际报酬相对水平小于预期的相对水平，dRij 为负。dRij 作为一种生产率调整而替代 rij。用 dRij 替代 rij 的副产品是减少了变量问题中误差的严重性。rij 和 si 之间的联系可以归因于衡量中的失 130
误，但要用这种方法轻而易举地解释 dRij 和 si 之间的联系是不大可能的。

dRij 可以解释为报酬等级水平之间差额中用生产率差别无法解释的那一部分，因此，如果 dRij 与作为预期企业更大程度地依靠比赛报酬的指数的变量适当地相关，那么，比赛理论就得到了支持。三个变量具有这种能力：所有权集中程度，下属部门高级管理人员，以及把管理者努力与管理者报酬联系起来的误差部分变动的指标。这三种变量已经讨论过了，并被确定为 ra5、subs 和 stspl。如果 dRij 与 ra5 和 subs 负相关，而与 stspl 正相关，比赛理论就得到了支持。

cr4 是适用于在四位数 SIC 行业中的企业的四家企业集中率，

它通常反映能最好地解释管理人员可替代就业机会的市场结构。如果产品市场是由少数几个大雇主控制的话，劳动市场能向管理者提供少数好的替代位置吗？这个变量主要与报酬水平相关，而不是与总经理和高层管理者报酬水平之间的差额相关，因为缺乏易于得到的替代机会将影响管理者一般的报酬水平。[1]

检验比赛理论

表 6-4A 和表 6-4B 提出了与比赛理论对报酬结构的重要性相关的证据。

表 6-4A 用简单的工资支付相对水平 rij 作为因变量，而表 6-4B 用根据生产率调整的替代指数 dRij。据认为报酬相对水平的这些衡量与所研究的各企业中比赛报酬的重要性相关。

在表 6-4A 中一组解释变量只在三个方面变动：所表示的所有权集中程度的不同衡量，把 s1 和 s2 作为总经理报酬的另一种衡量，以及所考察的高层管理者的三个不同层次。高层管理者的三个不同层次分别得出因变量 r12、r13 和 r14，而且分别得出下属管理者的哑变量 subs2、subs3 以及 subs4。表 6-4A 并没有有力地支持这样的看法：比赛理论对工资结构和总经理报酬水平提出了一种重要的解释。如果比赛理论是重要的，我们就能指望观察到报酬相
131 对水平和总经理得到的报酬之间有重要的正相关关系。但是，在表

① 在把 cr4 包括进去的回归方程中，并没有表示出可以证明薪金差别和 cr4 之间不存在关系。

表 6-4A　根据总经理报酬，所有权集中程度，报酬的风险，
总经理任职年限和下属部门高层管理者来回归的各企业报酬相对水平

	(1) r12	(2) r12	(3) r12	(4) r12	(5) r13	(6) r13	(7) r14
s1	8.5E-08 (0.43)	6.5E-08 (0.33)	1.4E-07 (0.74)		4.2E-07 (1.76)		
p1				5.9E-08 (0.83)		3.0E-08 (0.41)	5.7E-08 (0.68)
a5	0.0011 (0.54)						
ra5		-0.0260 (-0.54)	-0.0365 (-0.77)	-0.0128 (-0.26)	-0.0776 (-1.33)	-0.0762 (-1.25)	-0.0498 (-0.72)
stsp1	-0.0005 (-0.04)	0.0002 (-0.01)	-0.0034 (-0.26)	0.0007 (0.05)	0.0210 (1.33)	0.0142 (0.87)	0.0256 (1.39)
ydir	-0.0104 (-2.50)	0.0098 (-2.35)		-0.0096 (-2.34)	-0.0121 (-2.42)	-0.0133 (-2.58)	-0.0139 (-2.40)
subs2	-0.0952 (-1.03)	-0.0817 (-0.89)	-0.0515 (-0.56)	-0.0783 (-0.86)			
subs3					-0.0268 (-0.72)	-0.0451 (-0.49)	
subs4							0.0183 (0.18)
cons	1.5260 (10.68)	1.5402 (11.21)	1.3576 (12.09)	1.5368 (17.23)	1.7949 (11.21)	1.9984 (18.35)	2.2048 (17.88)
adj. R^2	0.04	0.04	-0.02	0.04	0.11	0.06	0.04
N	78	78	82	75	78	75	75

6-4A 中只有一个回归方程，即第(5)个，接近于确立这种关系。然而，这种支持只是表面的。当用总经理报酬的广义衡量时，没有类似的正相关。用 p1 替代 s1 的回归方程(6)表明了这一点。对两种总经理报酬衡量得出的不同结果的一个可能的解释是，狭义总经理

报酬 s1 的水平高与总经理报酬中依据利润的那一部分水平低是相关的。那些收入中依据利润的报酬部分大的总经理得到了较低的基本薪水。如果依据利润的报酬部分在低层管理者中无足轻重，那么，狭义总经理薪水的这种减少并不适用于低层管理者；平均而言，
132 情况确实是这样。由于这一点，根据 r13 衡量的差额必然随着总经理报酬中依据利润的部分的重要性增加而减小，而且，这种现象可以说明回归方程（5）表现出更强的解释能力。实际上，s1 和 sp1（后者衡量广义总经理报酬对企业业绩的敏感性）显示出强的负相关，即-3.7。把依据利润的部分放入我们的总经理报酬衡量中就避免了暗含的衡量失误，而且，我们说明了用 p1 替代 s1 就消除了总经理报酬和薪金差别之间的相关性。①

上述结论对 s2 不成立说明总经理得到的这类依据利润的报酬扩大到第二个管理层次比扩大到第三、第四层次更容易一些。因此，当 r12 和在回归方程（1）中一样为因变量时，看不出它与 s1 的关系。②

对这些系数最令人信服的解释是，它们并没有提供对比赛理论的支持。它们显示出比赛理论只有很小的解释能力，如果没有以下

① 在表 6-4A 中有一个根据 s1 回归 r14 的方程，它表明对 r13 来说，回归方程（7）的关系与（5）和（6）之间所表明的关系相似。实际上，把 r14 与 s1 联系起来的系数比把 r13 与 r1 联系起来的系数大，这表明等级越往下，以激励为基础的报酬也越小。r14 与 s1 之间的相关性在表 6-4A 的回归方程（7）中得不到证实。在上述回归方程（5）与（6）之间的差额为既定时，用广义的总经理报酬 p1 就支持这种解释。

② 对这些回归方程中所反映的企业，r12、s1 和 p1 之间的简单相关性都等于 0.12。根据定义，r12 的值越高必定反映总经理报酬值越高，和（或）第二阶层管理者的报酬值越低，a0.12 的系数并不敏感。

预期：(1)报酬相对水平与我们在衡量生产率中的误差项变动指数之间，即 stspl，呈正相关，(2)报酬相对水平和(a)所有权集中程度以及(b)subs2、subs3 与 subs4 之间负相关。在表 6-4A 中这种解释就得到了支持。[①]

还有一个变量，即总经理任职年数(ydir)，在与薪金差别的关系中，它比其他变量都重要。ydir 的相关性为负，这表明，总经理任职时间越长，高层管理者报酬的增加就越能接近于总经理的报酬。这可能是因为随着总经理越接近于退休，高层管理者就要更负责地发挥作用。总经理任职年数可能与他领导的管理者的任职年 133
数相关，但后者报酬增加的时间表比总经理报酬的时间表还倾斜。这种负相关与总经理确保地位的努力对总经理报酬的重要影响是不一致的，因为除非高层管理者的利益与确保地位的努力不成比例，否则用作为企业负责人服务的年数来衡量的总经理确保地位的努力会加大总经理报酬和高层管理者报酬之间的差别。更有道理的是，总经理任职年数越长，相对于高层管理者，他们的生产率越低。[②]

---

① 从直观上看，当第二层次管理者作为下属部门领导时，表 6-4A 右边所表示的总经理与领取第三层次工资的管理者之间的报酬差额比表 6-4B 左边所表示的总经理与领取第二层次工资的管理者之间的报酬差额要小得多。同样的现象在总经理与领取第四层次工资的管理者之间的报酬差额中也存在；当第二层次的管理者担任下属部门领导时，这种差别就大大缩小了。

② 尽管我可以用一个年龄变量来计算回归方程，但提出回归分析结果的表中并没有包括有关总经理年龄的变量。年龄变量系数与零没有什么区别，而且，包括年龄变量并不会使没有年龄变量时得出的结果有什么实质性改变。包括总经理年龄所引起的一个变化是，ydir 的系数更为重要。其他系数的符号、意义和一般数字并没有什么实质性改变。

表 6-4B 报酬率实际值与预期值的差额 dRij，根据报酬水平 s1，
所有权集中程度 a5 和 ra5，报酬的风险 stsp1，
总经理任职年限 ydir，下属部门高层管理者 sub 进行回归

	dR12	dR12	dR12	dR12	r12
s1	1.17E−07 (0.62)		1.39E−07 (0.74)	1.14E−07 (0.57)	6.49E−08 (0.33)
es1		−7.30E−08 (−0.29)			
a5			0.0010 (0.54)		
ra5	−0.02611 (−0.54)	−0.0309 (−0.65)		−0.0261 (−0.54)	−0.0260 (−0.54)
ydir	−0.0096 (−2.33)	−0.0103 (−2.59)	−0.103 (−2.48)	−0.0096 (−2.28)	−0.0098 (−2.35)
sub2	−0.0779 (−0.85)	−0.0928 (−1.01)	−0.0913 (−0.98)	−0.0780 (−0.84)	−0.0817 (−0.89)
stsp1				−0.0007 (−0.85)	−0.0002 (0.01)
cons	0.1156 (0.90)	0.2181 (1.51)	0.0995 (0.73)	0.1181 (0.85)	1.5402 (11.21)
adj. R^2	0.06	0.06	0.06	0.05	0.04
N	77	77	77	77	78

表 6-4B 用 dRij 替代 rij，并比较作为解释变量的 s1 与预期的
134 s1，即 es1。根据可以归因为各企业管理者生产率差别的那部分相对报酬进行调整，在我们关于比赛理论重要性证据的探讨中并不会增加说服力。从本质上说，表 6-4A 和表 6-4B 说明了同样的事实。也许样本数量太少，以至于无法包括有关比赛报酬重要性的证据。但是，正如我们说明的，样本的数量还没有少到使我们只用两个变量——企业规模和市场衡量的收益率——来解释各企业中总经理

报酬变动中的一大部分。

总经理报酬变动的来源

在表 6-5A 中，回归方程（1）和（2）把狭义的总经理报酬 s1 作为自变量；回归方程（3）和（4）用 p1，即广义的总经理报酬。回归方程（1）不同于（2），回归方程（3）不同于（4），它们的差别只是选择了不同的代表管理者确保地位的强度的变量。回归方程（1）和（3）用 a5，回归方程（2）和（4）用 ra5。如果管理者确保地位能解释总经理报酬中的大部分变动，a5 和 ra5 就与总经理报酬是负相关关系，但是，这些回归方程并不能有力地支持管理者确保地位的重要性。就 caps，即资本结构变量而言，也缺少对管理者确保地位假说的支持，caps 的系数结果与零没有什么不同。

由于 cr4 与要求同总经理现在完成的任务相近的任务的就业机会数负相关，所以，我们可以预期它与一个负系数相关；可供选择的就业机会越少，让总经理们为企业服务所需的报酬就越少。但是，cr4 越大，一个企业能够替代现任总经理的有经验的人就越少，这是正确的；因此，cr4 变动对报酬的净效应并不明确。而且，对一个企业或行业来说，总经理的能力并不可能是非常特殊的，在这种情况下，总经理人才市场就可以超出现在雇用他们的行业。无论由于什么原因，事实表明，cr4 与总经理劳动力市场的垄断力量没有相关性。

表 6-4A 和表 6-4B 中比赛理论的变量 r12、r13 和 r14 也表明与总经理报酬没有统计上的联系。在回归方程（1）和（2）中，r14 与总经理报酬正相关，但在表 6-4A 中并没有用 s1 与 sp1 之间的负相

表 6-5A 根据所有权集中程度，企业规模对数，
每年股票(市场)收益率中值，总经现任职年数，
市场集中程度和总经理报酬与高层管理者报酬比率来回归的管理者报酬

	(1) s1	(2) s1	(3) p1	(4) p1
a5	−191.88 (−0.25)		−1039 (−0.31)	
ra5		−15157 (−0.82)		−78853 (−0.97)
Ifs	115041 (10.33)	115021 (10.44)	298886 (6.00)	299157 (6.08)
asr	232363 (2.04)	220284 (1.95)	1380773 (2.77)	1317321 (2.68)
ydir	−2565 (−1.54)	−2469 (−1.50)	3382 (0.047)	3822 (0.53)
caps	4211 (0.05)	−107 (−0.00)	−155585 (−0.42)	−180246 (−0.49)
cr4	−854 (−1.37)	−857 (−1.38)	−1592 (−0.58)	−1575 (−0.58)
r12	−49673 (−0.84)	−51608 (−0.88)	330830 (1.27)	321354 (1.25)
r13	25670 (0.32)	22053 (0.28)	−262078 (−0.73)	275766 (−0.80)
r14	135963 (2.04)	136898 (2.09)	224384 (0.75)	226983 (0.78)
cons	−1312931 (−7.14)	−131498 (−7.32)	−3851097 (−4.77)	−3853806 (−4.91)
adj. R^2	0.65	0.65	0.37	0.38
N	76	76	73	73

关来解释回归方程(3)和(4)。

能有力地解释总经理报酬变动的回归数值只是 Ifs 和 asr，这两个变量似乎可以作为总经理生产率的指数。在这两个变量之间，更重要的是企业规模的对数值。与回归方程(3)和(4)相比，回归方 135
程(1)和(2)的解释能力大得多，这是由于这一事实：小企业比大企业更多地依靠根据业绩的报酬。Ifs 与 sp1 之间的相关系数为-0.43。由于业绩远不如规模稳定而可预期，所以，p1 与 Ifs 之间的相关系数(0.58)就是较弱的，这是因为它的与业绩相关的部分比 s1 和 Ifs 之间的相关系数(0.73)要大。

表 6-5B 用这些信息来集中关注 Ifs 和 asr。当因变量是狭义的 136
管理者报酬(s1、s2、s3 和 s4)时，这就可以用于全部 100 家企业样本，因为这些变量没有一个来自马尔道赫的研究。相当多的解释能力正是来自这两个变量。(用 p1 来衡量总经理报酬的回归方程(5)的提出是为了可以与用 s1 的回归方程进行比较。)

表 6-5B　根据企业规模对数和平均五年的
股票收益对各企业回归的管理者报酬

	(1) s1	(2) s2	(3) p3	(4) p4	(5) p1
Ifs	107225 (9.61)	78226 (9.22)	66584 (11.61)	60899 (11.90)	282620 (6.85)
asr	291983 (2.46)	231242 (2.57)	101363 (1.67)	96078 (1.77)	1269670 (2.94)
cons	-1026429 (-6.71)	-758156 (-6.53)	-661633 (-8.42)	-613299 (-8.75)	-3323822 (-5.90)
adj. R^2	0.55	0.53	0.63	0.64	0.42
N	100	100	100	100	78

表 6-5B 表明，所考虑的管理者的层次越高，企业规模对解释报酬变动的作用越大，而平均股票收益的作用越小。而解释第二层次管理者报酬的发生作用的因素与解释总经理报酬的因素很相似。把广义报酬作为因变量的回归方程(5)显示出比用狭义报酬的回归方程(1)低得多的 R^2。这并不奇怪，因为报酬中以业绩为基础的部分与企业规模的联系比狭义的薪金加现金奖金更不确定。

在广义的推论中，统计研究已经表明支持以下结论：(1)总经理一揽子报酬中依靠业绩的部分越大，直接的薪水部分就倾向于越小(即 s1 与 sp1 负相关)；(2)与企业规模相比，业绩对高层管理者的相对影响(用 asr 衡量)要大于对底层管理者的相对影响。除了特殊情况，从更广泛的意义上说，上述分析并没有理由认为，生产率理论对管理者报酬是不适用的，尽管在解释管理者报酬中最有意义的企业规模也多多少少反映出“机械的”经验原则(即一个没有明显理性的规则)以及管理者生产率的重要性。在解释总经理报酬的变动中并没有发现事实基础支持把比赛理论作为一种对总经理生产率理论的特别替代。

第七篇　竞争的强度与广度

经济学家对完全竞争模型如此熟悉，以至于他们往往把这一点与对竞争的更广泛理解混为一谈了。但是，一旦我们离开完全竞争、垄断和古诺寡头模型这些安全避风港，就会懂得竞争是非常不够的。这篇评论的主要任务正是要让读者相信这一点，次要的任务是要对美国反托拉斯试验提供一个总结性评价。

竞争强度问题

直觉使人固守一种竞争的观念，诸如“努力付出到使其他人的业绩最好”。业绩是指价格、质量、技术进步，或人们所从事的无限长的活动清单中的任何一项。正如我们在下一部分将要说明的，这种竞争活动的多样性是竞争理论和有关竞争的公共政策的许多困难的来源，但是，我们开始时可以更集中地讨论价格竞争。

存在价格竞争吗？价格是由竞争决定的吗？这些是对市场竞争性最经常地提出的问题。这种对价格竞争的强调显然来源于我们对价格制度作为资源配置者的关注，以及通过完全竞争模型来形成这种制度。但是，作为新古典经济学中心模型的完全竞争实际上并没有涉及竞争定价活动。来自完全竞争模型的均衡的市场出清价格可以被称为竞争价格，但它来自神秘的市场出清力量，并不来自企业竞争的定价活动。每个企业都把市场决定的价格作为既定的，而且，没有一个企业通过提出较低的价格来与其他企业竞争。相反，企业是凭借提供产量，特别是凭借通过进入提供产量来竞争的。企业通过进入一个市场并把自己的产量增加到现有的产量上来进行竞争，但是，所有企业都在一个既定的市场上生产同样的产品，并按同样的单位价格来出售这些产品。如果无论是内部人还是外部人都不关心改变他们向市场提供的数量，均衡就实现了。完全竞争模型中的竞争只不过是从事对既定市场价格作出反应的有利可图的仿制产品，而且，对竞争最好的描述正是——仿制产品的竞
138 争。另一方面，竞争地定价要求企业对自己产品的价格有某种控制；这就意味着，首先企业的需求函数要向右下方倾斜，或者企业的产量能力如此之大，以至于一个企业产量的增加足以对市场价格有重大影响。准垄断者、有差别产品的生产者、寡头可以坚持价格低于竞争对手的观念，但完全竞争企业不能这样。

判断仿制产品竞争强度的标准显然来自新古典理论。如果一个市场结构内企业是如此分散地生产无差别产品，以至于没有一个企业能影响市场供给，那么，竞争强度就最大。这种充斥于竞争讨论中的标准引起了市场集中学说。从事同一件事情的竞争者数量增加，竞争强度也提高。认为这就是判断竞争强度的合适标准的观念从标准的垄断模型中得到了支持，垄断的逻辑依靠在市场上只有一家企业。

还有另一些与经济学相关的重要竞争活动，诸如质量竞争和竞争性创新。但是，与仿制产品竞争不同，关于这些竞争活动的理

论明显缺乏一种用以判断竞争强度的标准。即使是在依靠“黑板分析”时，也没有什么可以与极端分散相当的事情可以决定竞争性创新和质量竞争达到其理论上最大的强度。这是因为这些竞争的目的不是重复或仿制，而是创新和求变。因此，创新竞争，或者正如熊彼特所描述的竞争性毁灭，是通过技术、组织和产品变化来发生作用的，而且，即使在标准的意义上市场是垄断的，它也仍然发生作用；它没有表现出对现存市场状况的服从，而且，即使创新者是一个垄断者，它也仍然发生作用。正如我们所熟知的，仿制产品竞争的强度与个人由于极端分散而失去意义的程度相关，而创新竞争的强度并不受这种关系的限制。一个离群索居的人或一个人的小集团（通常在一个企业内居住）创造了一个新市场或对一个旧市场实现革命化。人们的行动仿佛可以影响产量，而且，他们可以这样做。如果竞争是仿制产品类型，那么，就没有一个农民能使小麦的价格接近于边际成本。所有个别农民供给的总量做到了这一点。但是，如果竞争是创新的，那么，一个赛勒斯·麦考密克就可以降低谷物生产的整个成本函数，而一个马尔凯塞·马尔科尼可以创造一个收音机行业。

这种对照其中一个因素是创新的个人对竞争理论是重要的，因为它使竞争强度部分取决于生产过程中个人所花费的努力这一点显而易见。仿制产品竞争**假设了**个别生产者最大的竞争努力。每 139
个企业都以最低可能的成本生产，并按收益最大化的速度生产。这一点来自以完全而免费地了解技术和价格为基础的完全竞争的利润最大化假设。在这种情况下，企业数量增加成功地降低了每个企业对市场供给的控制，而同时又没有减少个别企业为实现最低成本产量而进行的努力。个人无代价地被赋予以正确方式采用最好技术所必需的知识；因此，即使没有把资源用于这种努力，竞争的努力总是最大的。通过改进产品、技术、定价和组织来使竞争发生作用的观念对这个模型来说是无关的。

在创新竞争的情况下，事情就不同了。一个既定行业中从事创新的企业数量增加，而且，可以想象到的是，每个创新提供者将面临着预期报酬的必然下降。这就会减少任何一个企业所作出的竞争努力。这是因为创新者会觉察到创新的作用，与完全竞争者不同，他们并不进行仿制竞争，因为他们拥有有关价格技术的完全知识，并能正确地实践这些知识。创新的竞争者必定完全有效地运用资源。所有这一切的意义就是，竞争强度不再仅仅是竞争者数量的函数，它也是每个竞争者所作出的努力的函数。这一点与这些评论中以前所讨论的莱本施泰因的 X 效率相近。如果竞争者增加的结果是每个竞争者所作出的竞争努力大幅度下降，那么，通过增加更多的竞争者竞争强度的一般水平就会下降。值得注意的是，在诸如高尔夫球比赛这类体育项目中通常要确立游戏标准，这种标准把参赛者范围限定于少数在比赛中具有可比的优秀技能的人之中，这就可以使比赛更能吸引爱好者。这部分是因为这样做可以评出比赛中的“最优者”；部分是因为比赛更易于控制；而另一部分是因为，当最优者相互比赛时，他们会更勤奋地比赛。最后一种考虑意味着，一场比赛的竞争强度并不总是由于增加了更多参赛者而提高。

而且，在奖金既定时，增加更多运动员减少了每个运动员预期的奖金，这就减少了每个运动员准备作出和在进行比赛中作出的努力。如果具有可比技能的运动员数量增加了一倍（一种不可能的壮举)，那么，每个运动员预期的奖金就要减半，这样，如果不再接受更多的运动员进入，每个运动员进行的努力也将会减少一半，所有运动员努力的总和仍然没变。这就表明，参赛者所达到的状态也仍然未变。所需要的并不是这种情况，竞争者可能是风险厌恶者，而且，随 140
着竞争者人数增加，风险往往会增加而不是减少。如果允许水平不那么高的参赛者竞争，情况肯定不是这样。找10个能力极强的运动员，并让他们相互竞争。这10个人能力相同，但由于10人中的每一个人都要监督其他9个顶尖的参赛者，所以，他们之间的分布是为了使低水平参赛者难于比赛，而且，他们的努力倾向于减少。一个参赛者在所有竞争对手的前面可以看作鼓励参赛者从容一点。

在前一段讨论中所包含的竞争强度的衡量，看来是个人或者个人努力总和所付出的努力。用所付出的努力衡量竞争强度可能是一种曲解。假定成绩用竞赛的赢家达到的速度来衡量，由运动员人数增加所引起的努力减少使每个运动员都跑得更慢。在奖金既定时，假定竞争者的人数增加了一倍，每个人付出的努力减少了一半，以至于总的竞争努力仍然没变。比赛的一个可能结果是跑得慢的人是赢家(或者是跑完全程时间长的人)。用以衡量赛跑过程的速度可能是竞争强度更合适的指数。如果是这样的话，即使是能力相当的赛跑者人数增加也会降低竞争强度。由竞争者人数增加而引起的预期奖金大幅度减少使每个竞争者成为“乌龟”。减少竞争者人数，乌龟就变成了兔子。但是，竞争者人数减少了很多，他们会发现勾结起来减少努力，从而延长跑完全程的最优时间会更好一些。一旦考虑到对个人努力的要求，竞争强度与竞争对手数量之间的关系就不是单一的了。可以把结果与完全竞争进行比较，完全竞争市场把市场产量作为竞争强度的指数，当竞争对手的人数增加到竞争的全部意义都失去时，产量也达到其竞争的最大量；这就暗含一种单一的关系。一旦放弃了对技术和价格的完全了解，随着市场上企业数量的增加，市场产量是增加、减少还是仍然不变取决于前面讨论所考虑的各种因素。[1]

141 当把这一点用于经济业绩时，以上得出的类比就可能歪曲了事实，正常情况是没有提供奖金，是市场对创新的评价，而不是某种比赛组织者或政府官员决定奖金。而且，对哪一个参赛者最有获胜希望了解并不多；创新往往在非常不可能的地方找到了自己的来源。由于公开进入，仍然至关重要的参赛者人数由市场决定，而且，在不同的市场并不一样。但是，从完全竞争和垄断模型中得出结论的前提是企业数量少的市场状态不好，或使竞争强度降低。合并可以提高竞争强度，独立企业之间的联系也可以做到这一点。这是因为不同的组织可以互相学习，并互相勾结。学习对业绩具有有利的效果，但假定所有的人都对技术和价格有完全了解的新古典模型排除了这一点。

当进行了充分思考时，这些考虑就可以表明，在某些情况下对进入有某种限制对社会是合意的，但在另一些情况下并非如此。实际上，产权制度——由专利、版权、商标和保密所提供的——被认为可以作为对仿制进入进行有益限制的一种工具。公开进入，无论

① 数量影响业绩的渠道不止一条。参赛者数量对业绩的影响并不总是明显的。与运动员人数很多的情况相比，如果运动员人数非常少，实际上有潜力跑得最快的人往往要多于被排挤出比赛的人。因此，参赛者数量增加的业绩结果是复杂的，而且完全不是直接的。业绩-数量关系也要受到对待参赛者的公正性、他们的素质的相同性以及奖金数量与分配的影响，当然，还要受到参赛者勾结的可能性的影响。

含义是什么，并不一定意味着竞争者数量多会提高市场将实现买者或社会所追求的业绩的可能性。特瑟尔(1994)在讨论核心理论的用处时举出了下面的例子：

> ……为奥哈马机场服务的班车……制定了在某些时间和地点停车把附近旅客带走的时间表。在春天和圣诞节时需求突然增加。有一次我们和几个学生在上午7时等候……班车7时前刚开走，一辆黄色出租车停下来，打了个手势，打开计价器并提出每人8美元把五个乘客一直送到奥哈马，这低于班车的价格。出租车坐满了人并来到奥哈马。没有一个人还在等班车的服务。虽然出租车司机和接受了他的要价的人都感到很好，但对班车服务的激励受到损害……从而就损害了任何一个想得到班车到机场的服务的海德村居民的利益。

人们认为“公开进入”否定了市场保持班车服务的更合意选择。特瑟尔根据对某些卖者可以出卖的数量制定上限讨论了解决方法。在这个例子中，据说出租车受到管制或勾结性协定的限制而不能在这个市场上竞争乘客。

在某些情况下这可能是一种解决办法，但在另一些情况下，问题只是简单地确定产权。在这个例子中约束一方并不是所有者，而是该市把约束作为一件集体的或社会的好事。约束一方的私有者 142
(或者受到适当促动的政府所有者)有权禁止车辆停下来并搭乘乘客，这就使出租车不能在按时间表行驶的班车到达前半小时停下。私有者可以通过向班车收取比没有这种禁止时要高的费用来使利润最大化(如果特瑟尔的例子正确的话)。因此,当减少竞争者数量主要有利于买者或社会时,通过适当地确定私有权就可以这样做。所有这些都是猜测性的,但只有在我们认识到现在经济学工具库中竞争理论这一部分并没有真正强调竞争的重要内容以后,这种猜测性就会减少。

竞争活动的多样性问题

已经涉及的可能发生竞争活动的四个范围是:产量、价格、质量(包括声誉)和创新。企图再列出其他竞争活动是没有意义的,这个清单永远列不完。这无关紧要,即使少数几项竞争活动也使得提出一个一致同意的竞争强度衡量标准成为不可能。一种竞争混合与第二种相比,包含了更激烈的创新和质量竞争,以及不激烈的模仿和价格竞争。按一般竞争水平来判断,哪一种是更激烈的竞争混合呢?即使可以按每一种竞争范围来衡量竞争强度,我们也不能把一种竞争范围的竞争强度单位转用于另一种竞争范围,这使得一般竞争强度是含糊不清甚至无意义的。存在一种广泛承认而非人为的观念,即竞争强度是可以很好地衡量的,以至于学者、律师、法官和政治家都会一致同意提高(或降低)一般竞争强度水平的政策。尽管在某种情况或另一种情况下,这个观念可能是正确的,但正如一种一般的看法一样,它明显是错误的。由于我们主要依靠了完全竞争、垄断和寡头模型,所以,这种观念也鼓励了我们,而所有这些模型都只集中在仿制产品竞争上。

我们关于竞争强度的简单化观念忽略了竞争行为的不同性,并把竞争作为行为单一范围的参数。这就使我们在说、写和立法时仿佛竞争的一般水平是可以大约地衡量的强度，并可预期政策的影响。但是，从政策的角度来看，与政策相关的问题并不是竞争活动的两种混合中哪一种是强度更大的竞争；而是竞争活动的两种混合中哪一种是所偏爱的。一些人对模仿竞争评价特别高，另一些人更加重视创新竞争。非常明智的人对竞争活动各种混合的偏好可以 143
不同。对刚刚开始自己家庭生活的年轻父母来说，竞争性创新是重要的，他们的孩子将会受益。对于没有孩子的老年人来说，今天的价格竞争，以及仿制产品竞争是重要的。三种考虑——竞争形式、强度和目的——有助于形成偏好。通过提供高质量产品竞争一般被认为是有利的，通过广告竞争其好处受到怀疑，通过借助于暴力的竞争是有代价的、无益的。就竞争强度而言，通过价格的竞争一般受到称赞，但如果过分了，它就被称为“割颈式威胁”，而且，如果它的目的是要把竞争对手挤出经营之外，它就被称为“掠夺”。就“目的”而言，不受限制地出售武器，特别是出售核技术知识，尽管有利于某些武器购买者，但却容易使世界状况变得更糟。

使事情更为困难的是，与一项活动相关的竞争程度往往与和另一项活动相关的竞争程度相关。这种相关性通常是负相关的，因此，即使我们把我们的讨论限于有益的目标，为了追求一个合意目标而提高竞争强度而又不为了追求另一个合意目标而降低竞争强度是不可能的。即使是在狭义的工商活动中也涉及各种竞争形式之间许多难以觉察的交替，诸如合伙人竞争性与组成合伙人的个人竞争性之间的交替。限制已发明的物品的产量和价格竞争可以鼓励创新竞争，这样，创新的直接成本很可能要由出售这些创新所得到的收益来补偿。许多竞争形式强度负相关这一事实使得衡量和判断竞争强度都更为困难。有一种主张认为，如果提高一种形式竞争强度的政策会提高竞争的一般水平，结果另一种形式竞争的强度就减少了，这种主张是毫无意义的。当这种情况出现时，政策不能同时在所有可能的竞争范围内都直接提高竞争强度，即使能够准确地提高或降低一般竞争水平的可能性很小，而这也就否定了政策。我们可以说对某种竞争活动混合的偏好大于另一种，但不能说偏好更激烈的竞争。

许多不同竞争形式强度之间的负相关关系不仅破坏了竞争强度标准，而且它还表明，当我们根据以完全竞争模型中得出的标准来判断竞争强度时，我们就扩大了竞争强度市场之间的差别。除了仿制产品竞争以外，竞争形式很可能与仿制产品竞争的强度是负相关的，可以根据创新和质量竞争强劲的市场作出仿制产品竞争微弱的判断，而且，反之亦反。由于成功的创新竞争倾向于把市场份额和
144 定价权力集中到成功的创新者手中，所以，这种竞争就会降低仿制竞争指数的价值，而且，如果成功的话，质量竞争就会引起正的价格-成本余额。当价格-成本余额和市场结构引起了仿制竞争强度的指数降低时，质量和创新竞争的强度就是高的。过分偏重仿制竞争指数的结果是夸大了各市场在竞争强度一般水平上的差别。[①]

如果我们同意，许多相关的竞争形式相互之间都是负相关关系，而且，不可能存在什么把不同竞争形式的强度变成为一种共同

① 可以说明这种偏重的其他理由。例如，熊彼特倾向于把垄断利润作为吸引创新竞争雷电的“避雷针”。根据这种观点，与低垄断利润相比，高垄断利润伴随着由创新竞争所破坏的更为严重的威胁的基础。

强度单位的方法，那么，看来我们应该同意，如果把《谢尔曼反托拉斯法》(Sherman Antitrust Act)的目标解释为提高整个竞争强度(或者降低整个垄断强度)，那么，从逻辑上说，要实施这个法就是不可能的。这就是由加州大学洛杉矶分校和芝加哥大学支持让效率考虑来指导反托拉斯政策的人提出的主张的中心，[①] 相反，尽管他们根据自己关于效率的观点，但他们并没表现出迷恋于政策可以把竞争强度作为标准的观念。例如，博克(1978)对效率的支持是根据这样的主张：这正是那些通过谢尔曼法的立法者所想的，而且，包括作者在内的经济学家都支持效率是因为他们觉察出政策在某些方面是以反竞争的方式形成的(例如，反托拉斯当局反对纵向一体化、营销政策，以及集中)。我认为，较有力的观点是这里所提出的。提高竞争强度(或降低垄断的强度)并不是反托拉斯的一个可行的目标，至少在概念上效率是一个可行的目标，但这也是一个不易实现的目标。关键并不是代价，而是偏好。法院已多次作出误导，也许它们企图用"合理准则"来减少谢尔曼法对限制性协议的一揽子禁止，正是服务于这一目标的。

成本条件、竞争结果与垄断

经济中看到的竞争的重要多样性并不是特定的，也不是外生地给定的，而且，它们也不仅是政策的结果。如果严肃地把竞争作为

① 作为一种制度上稍显自大的小举动，我注意到职业使芝加哥大学本身适于反托拉斯的效率学说本身。以实质性、分析性方法提出这种学说的人至少有许多最初在加州大学洛杉矶分校和芝加哥大学进行过研究工作。

145 一个科学问题，那么，经济学的任务就是解释我们所观察到的竞争形式的混合。这个任务不同于我们现在所做的推测性工作，推测性工作把注意力几乎只集中在从有关竞争过程的假设模型，诸如完全竞争、垄断、垄断竞争和寡头这些模型中进行推理。这种做法是从假设某种竞争模型的适用性来开始研究的。它并没把解释我们实际上所观察到的竞争形式问题作为自己的任务。

我们对哪一种竞争方法是可行的作出了预测。重要的规模经济的存在倾向于降低仿制产品竞争的重要性，这只是因为来自现有大企业产量的增加往往比来自新的小企业的产量更廉价。所发生的竞争往往是周期性、间断性地出现，而不是连续的，而且，竞争对手所表现出的往往是为整个市场或大部分市场服务，而不是在这里多卖一单位产品，在那里又多卖一单位产品。这种条件下竞争的结果不可能等同于承认原子式市场结构的成本条件下的竞争结果。竞争将引起集中的市场结构和多方定价，因此，从这些方面的哪一方面都不能推导出缺乏竞争。

用详尽的管制来替代周期性竞争是否明智是一个有争论的问题，不能简单地根据产品市场知识来解决。比较管制和竞争“适用范围”的功能是这种判断的关键，但是，对所有情况只用单一的价格等于边际成本的标准，而且，如果规模经济至关重要，用这个标准检验非集中市场结构的竞争强度显然是愚蠢的。适于竞争的领域可以使竞争尽可能激烈，因为它处于这些条件之下，但这并不是与完全竞争模型所假设的成本条件接近的竞争强度的令人满意的标准。

问题的产生是由于即使规模经济并不十分重要，以至于使一个企业能成为整个市场供给的最低成本供给者，也仍然有竞争强度的衡量。如果在多企业市场上的典型企业对非竞争产量领域有“U”形生产成本，那么，激烈的竞争就不能使价格等于现有企业的最低平均成本。恰好使所有现有企业按它们都能达到的最低可能单位成本的生产率生产的产品数量，可能并不是在价格等于单位成本时满足市场需求的同样产量。它将是低于以这种价格满足需求所需要的产量，而且，价格将高于没有一个企业的产量服从于规模经济的完全竞争市场上达到的水平。价格和平均成本之间的差额将是
正的，但不足以高到使一个增加的企业有利可图地进入该市场的程 146
度。在价格等于最低平均成本时显示出来，但价格较高时仍得不到满足的剩余需求是如此之小，以至于不能使新进入者以这种平均成本进行生产。这不是由于竞争强度太低，而是由于重要的“U”形平均成本函数。在这种场合下，把“观察到的价格等于观察到的平均成本”的标准用于判断竞争强度是不适宜的。在既定的“U”形成本曲线条件下，没有超过生产所必要的平均成本的价格看来是一个比较合适的标准。

市场竞争活动并不完全表现在现在市场上已有企业的经历中，也表现在想**成为**但还未成为现有企业的经历中。我们用来测定竞争强度的检验——市场集中程度、利润率水平和价格-边际成本不相等——都依靠现有企业的资料，但对现有企业资料的依靠也往往使我们对竞争强度的判断有倾向性。正如我将要说明的，成本条件对通常表现出的倾向性有很大的影响。

一般问题是人所共知的，而且很容易掌握。如果根据彩票赌博中赢家投资的收益率来测定竞争强度，那么，收益率就是极高的，但如果计算时把输家支付的赌注也包括在内，得到的收益是负的。

虽然对彩票赢家的因果关系讨论忽略了那些冒险并失败的人的经历，但在原则上没有什么理由这样做。可以把每年输家的损失与每年赢家的收益加总，并用该年彩票总投资来除这个代数总和。这样计算收益率并不需要有倾向性，而且，由于赌博的性质一般也没有倾向性。这种赌博的性质是，它完全是在一个资料收集期内进行的。每年的赌博都与其他年份无关。

可以把这种情况与生物工程这样的行业相对照。为了有一个资料收集期内生产的产品，企业就需要在许多时期中投资于研究；在进行了这些投资以后，如果美国食品与药物管理局允许产品上市，那么只有在那时才有可能进行赢利的生产。典型的企业要经过几个亏损时期才能把药品送到美国食品与药物管理局，并有可能上市。现在，如果在静态均衡中不能达到成功产品阶段的企业是重要的，那么，就不会产生严重的资料问题。适当考虑到行业的情况，每年与失败相关的亏损将要计入利润。更加可能的情况是，现在的失败是不足以代表过去一些年失败的历史的。在某行业发展的早期阶段，**更多**的失败者企图进入该行业，并成为可以进行生产的企
147 业。少数企业生存下来并维持了若干年这类似于彩票赌博的活动，它们由于这样而成功，它们就得到了销售产品的权力。该行业早期许多失败企业的亏损在计算现在该行业收益率时并不起作用。这些亏损在发生亏损的年份中已经记录下来了。为了使这一点更加清楚，假设已完全不再有企图进入者，而且，只有过去几年“彩票”的赢家是现在的生产企业。所有这些生产企业都有大量利润。考虑到整个情况，这些利润应该比抵消了所有企图成为生产企业的大量早期亏损还要多。在预期它们存在的年份的利润时并不关心这

些早期亏损，但在预期以后若干年的利润时也是如此。因此，这些早期每一年的经历都与以后年份是相互依存的。赌博不是每年独立的彩票中的一种，该行业正确的收益率应该根据整个情况；这就扩大到大于现期年赌博的许多会计时期。

在前一部分讨论的以不可分性为特征的市场情况中，这些考虑起着作用（而且，这往往是那些缺乏中心的理论家所描述的）。现有企业获得了外部人想要享有的利润，但是，如果外部人进入了需要按现期价格维持下去的范围，他们的进入就会使价格低于所有主动参与者的成本。然而，在认识到现在企业“具有的”吸引力之前，无法判断这种类型市场的竞争（和均衡）。在暗含着成为现存企业的早期竞争，而且，在这种竞争中赢家预期的利润流量为既定时，潜在的现有企业作为一个整体所蒙受的亏损要足以使赢家在冒险之前正好达到收支相抵。从这个角度来看，在赌博的各部分之间，收益率是竞争的。

“进入赌博的前景”引起了有关垄断问题的不同观点。追溯过去，存在着保证垄断的竞争，这一点在有关寻租者之间竞争的文献中已广为人知。这种竞争将使预期获得的垄断利润与许多企图成为垄断者的人承担的亏损平衡。把赢家和输家加总，收益率是竞争性的。即使整个过程有一个结束点，诸如一种有价值的专利，但这整个过程是竞争的，即正如垄断模型详尽描述的可能只有一个能存在下来的企业，而且，这个企业的价格可以超过边际成本，但在这样做时，它只能得到这个过程中两部分总和的竞争利润。[①] 支持竞

① 这种赌博的观点忽略了垄断会幸运地产生的可能性，在这种情况下，垄断获得的过程并没有承担亏损。

148 争的政策不能只根据利润率来制定，而且也不能只根据结束点的情况来引导。它要求决定整个过程是不是一种达到适当目标的可行之路。享有药品专利的结束点产生了高利润，而且价格高于边际成本，但这并不足以作为干预的依据；这可能是刺激合意的药品开发的最好方法。另一方面，如果产品是核武器，结束点时利润是竞争性的，价格等于边际成本也可能是难以达成的。

成本条件与虚假的产品差别

在垄断竞争的范围内几乎总要考虑到质量方面的竞争，但是，也存在一点不同，而且，人们往往忽略了根本与产品差别无关，甚至同信息费用无关的质量竞争的来源。新古典生产理论中隐含了它的来源。

考虑一个把化肥和其他投入品结合起来生产“小麦”的农户。假定化肥的价格下降了，相应地，农民就要用化肥替代其他投入品。生产理论假设，在这个调整期间，小麦的性质仍然不变。但是，不能认为化肥数量相对于其他投入品数量的变动不会影响小麦质量。这正如用于生产电线的铜的相对数量的变动会使电线的重量、传导性和强度改变一样；因此，化肥的变动会改变影响小麦市场价值的小麦质量。产品质量变化的程度取决于质量对改变投入品混合的反应大小。对于像小麦这样的产品，质量变化可能很小，但对其他产品，就是重大的。

生产理论并不是要回答所生产的产品的性质变动问题的。假定产品的质量既定，生产理论所关心的是生产这些产品所要求的投入品的组合。而且，不变的产品质量要求一个在生产理论中没有明确说明的特定假设，即投入品组合的调整要受到生产同质量产品的限制。这个假设引起了没有这个假设就会缺乏的成本和需求概念的确定性。如果化肥价格下降了，可以认为农民会改变所有投入品，以便使生产质量的小麦成本最小化，这种观点隐含在生产理论中。另一种可供选择的是，如果他们愿意使小麦质量对化肥价格下降作出最优反应，他们可以种一定量蒲式耳不同质量的“小麦”。如果选择了第二种反应，他们新的成本函数就与第一种反应时的成本函数不同。如果他们选择允许“小麦”质量变动，他们也面临着不同的市场价格（或者由于不完全竞争，面临着不同的需求曲线）。149
按标准生产理论而建立的定义完善的成本与需求框架，假定产品质量不变就避免了这类复杂化，但这样做是有代价的。现实的农民将选择提高利润过程的行为，这一点被忽略了。

在涉及市场供给与需求分析的层次上，方法论略有不同。产品质量的改变是伴随着认识到了投入品价格的变动而发生的，但这只是资源的市场间变动。土地价格下降使某些农业资源从玉米生产转向小麦生产。变化的产品质量可称为产品变化，并用小麦供给相对于玉米供给的增加来代表。标准的生产理论忽略了产品质量改变的一般问题。在原则上从玉米转向小麦的明显变动和伴随着投入品价格变动而引起的玉米质量的不太明显变动（生产理论忽略了这一点）是一样的。

产品质量变化的基本原因不仅仅是投入品价格的变动，而且还是任何一种改变投入品组合的利润最大化动机。如果正如一般情况那样，并不是所有投入品都能轻而易举地同比例变动，那么，经营不同规模水平的企业就涉及不同的投入品组合。传统U形平均成本曲线来自投入品的不可分性，这种不可分性保证了投入品组合的变化会相应引起产量的变化。更一般地说，随着经营规模扩大，各种投入品的边际产量以不同的比率下降。生产理论通过允许企业用不同的投入品组合去生产不同产量率而承认了这一点，但该理论只是在既定的不变产品范围内承认了这一点。从原则上说，完全的调整还将引起产品质量的改变。如果随着规模扩大，劳动边际产量的减少快于其他投入品的边际产量，那么，生产电视机电路板的企业就将用印刷电路板代替手工电路板。这就改变了工作的特征（诸如破碎的频率，修复每块破碎板的费用等），并往往引起不同的市场价格。随着经营规模扩大，企业也并不沿着由既定质量产品确定的要求曲线水平移动，当然如果保持产品的既定质量有利于利润，企业仍可以按需求曲线水平移动。相反，企业会从一种价格变动为另一种价格，从一种需求函数变动为另一种需求函数；或者从一个市场变动到另一个市场，因为它改变产品质量。即使产品的实物特点仍然不变，也会发生这些质量变化。企业服务质量和商誉资本的微小差别都会使其产品转入一个不同的质量类别。正如可以把利润动机引起的产量变化作为仿制产品多样化的竞争活动一样，我们也可以根据质量范围来看待这些变化。

企业需求弹性的统计估算难以根据这些质量改变来校正。产
150 出率小使得企业的固定投入品数量多，这就引起可以更快更全面地为买者服务的“过剩”能力。生产的数量少时，产品质量往往比生产数量多时高。一种共同的现象是，当一个经济陷入衰退时，买者所得到的服务质量提高了。企业拥有生产小量产量的固定投入品

也许是因为产品价格下降了，这就会比服务质量没有提高时每单位产品所得到的价格要高。在根据通货膨胀或通货紧缩引起的一般价格水平变动进行调整后，价格与产量之间是负相关；因为产品质量是无法精心控制的。这些不同的价格不适于在同一企业的需求函数上，因为它们反映了产品的不同质量，高质量往往与产出率低相关。当在统计上估算企业需求函数时，把这些价格与一种产品质量联系起来就是既扩大了需求斜率负数的数值，又扩大了垄断竞争市场的普遍性。

成本条件与实际产品差别

重要的信息费用为正是困难的主要来源。这种费用排除了纯价格接受者行为，因为消费者并不能确切地了解竞争的卖者所提供的物品的质量。竞争至少部分是针对要把工作做得比向消费者保证质量的竞争对手更好的努力。应该建立商誉，卖者应该定时地按协议进行检验，而且，商标也变得重要了。具有信息问题的物品是我们期望买者看出商标、商誉和过去业绩这类附属物的物品。这些附属物是可靠性的不完全但有用的“保证者”，而且，它们意味着对这些物品的个别供给者出现了向右下方倾斜的需求。信息问题不可能欺骗，它只是资源稀缺性的反映，而且，它也不能与向右下方倾斜的需求分开。在这种情况下采用竞争强度的价格-成本余额标准看来是愚蠢的。当一个企业努力寻找新奇的手段以克服消费者由于承担信息费用而缺乏信心时，引起企业需求向右下方倾斜的正是竞争活动本身。正的价格-成本余额的存在是解决信息费用的竞争性方式的一部分。每个企业都有不失去所有销售量而提高价格的卓越能力，但在通过降低价格来赢得竞争对手企业的全部销售量上显然又同样是无能为力的。有代价的信息削弱了对仅仅由价格
151 所能提供的引导的依赖，这与完全竞争的充分信息世界上价格所能提供的引导不同。卖者的竞争活动使买者可以依靠商誉和商标资本来得到信心。

企业投资于商誉和商标资本可以增加买者的福利，特别是如果对很少依靠这类资本的企业不存在进入限制，就更是如此。可以从不同要价的企业得到产品的可能性和商誉使买者可以在价格竞争的“微小差别”产品与商标竞争的“更多差别”产品之间进行选择。要保持足以吸引买者的商誉和商标，至关重要的是许多买者从这些投资中获得好处的有力符号，而且，其含义是企业从向右下方倾斜的需求函数中面临的是高价格–边际成本余额，必须创造这种投资，但其收益前景是不同的。用价格与边际成本之间相等的标准来衡量这种市场的竞争强度是不适宜的。因为只有所有人都知道物品是完全替代品时，这个标准才表示了某种福利损失。

张伯伦（1933）和罗宾逊（1933）的著作在有关产品差别的文献的历史中是开创性的（但他们两人都平静地谈到信息费用）。我的研究集中在张伯伦的著作上。他的理论引发了伯兰特的预期心理学，这种学说假设每个企业都根据所有从事同一产品集团的其他企业使自己价格不变的预期来作出自己的定价决策。[①] 与新古典理论的市场不同，集团是一个含混的概念。张伯伦并没有说明如何决定

① 这种预期逻辑之中包含了竞争对手产量的影响。

一个企业是否在一个集团中，因为没有一个特定的替代性程度可以区分一个集团的成员与非成员。集团成员身份的改变是由于改变了包括在其中的产品品种的数量，也改变了集团的“总”需求，但在任何一种既定的企业数量时，集团的总需求仍然难以确定，因为在集团内有许多不同企业，每个企业都面临着自己的价格和自己的产量单位。在前不久施蒂格勒也认识到缺乏明确的市场需求概念。[1]这是这个模型的弱点，但它也具有假设同质产品市场的模型中所没有的现实性；通过把产品替代性定在其上限，同质产品模型就可以推导出明确的均衡，但它们往往无根据，并扩大了不同企业产品之间的替代性。垄断竞争接受了含混的不完全的产品替代性就使产品替代性的含义较为现实，但它牺牲了易于确定的均衡（尽管张伯伦在错误地论述，仿佛他的模型提供了一个决定性的均衡）。

张伯伦模型假设了公开进入。这与他关于集团身份的大量假设 152
构成了垄断竞争理论中竞争的部分。但是，公开进入集团并不意味着是新古典理论关于完全竞争假设的模仿进入。在一个张伯伦的集团内，卖者保持着有差别的产品。这个假设是垄断竞争的定义所必要的，它使完全替代品的生产者不能进入或属于一个集团。在这种限制之下，该模型主张使现有企业降低到零利润均衡，但这不可能是现实的。如果产品是有差别的，就不能保证增加的有差别产品的进入是有利的，这仅仅是因为存在的产品多样性享有利润。产品多样性之间的替代程度可能如此之小，而且，在此产品范围之内任何一种多样性产品的平均成本又可能下降得如此之大，以至于不允许

① 参阅施蒂格勒（1950）和德姆塞茨（1993）。

进入者有效率优势，这就必然保证了现有企业在零利润均衡时的经营。因此，垄断竞争理论的中心假设是企业生产不完全替代的多样化产品，这就破坏了衡量竞争强度的价格-边际成本相等标准和零利润标准的有用性。在企业不能生产相同产品的限制之下，它们可以尽可能激烈地竞争，它们也不能满足这些最大竞争程度的标准。[1]

迪克西特和斯蒂格利茨(1977)用零利润均衡来确定张伯伦集团的范围。他们通过使新产品品种进入以减少集团的利润来这样做。其进入使集团利润减少为零的产品品种是确定这个集团与其他张伯伦集团不同的界限。这种完全呆板的集团定义将无所作为。最后一种产品品种进入使集团利润降为零，下一种产品也可以进入，这两者之间的替代性小于集团中已有产品品种之间的替代性。的确，这是一种可以计算的替代性。如果按迪克西特和斯蒂格利茨定义的集团中的企业进行勾结，那么，高价格就会使新产品品种迅速进入该集团。一个必然的结论是，张伯伦集团仍然无法定义。

经验研究说明了利润率和集团中企业利用广告的程度之间是相关的，但这种结论的意义并不明确。我们已经说明了，有代价的信息创造了对商誉、商标资本和研究投资的需求。这些投资的结果
153 是产生了实物产品和消费者信心的结合。对这些投入品的投资主要表现为无形资本的形式，而且，这种资本正是企业特有的。这些投资是这样一种投资：当进入或保留在一个产品集团中的企图失败时，它们也就失去了自己的价值。如果进入是服务于这种均衡的作用，这些企业特有投资的预期收益率就应该是竞争性的，但是，这

① 没有零利润均衡，也就不一定有这样的结论：均衡的特征是过渡能力。

意味着那些没有“达到标准”者和那些从未进入或从确定集团的资料库中退出者的亏损和那些在成为现实企业资料库中的成功者的超竞争利润是相等的。在竞争情况下，如果企业特殊投资和失败的正概率是既定的，那么，理性预期要求这种超竞争利润的表现。由于这种投资的特殊性很可能与广告强度正相关，所以，理性预期理论使我们预期到即使在高强度竞争场合，利润率与广告强度也是相关的。与进入并留在生物工程行业中的现实企业相比，这个问题与以前讨论的进入农业行业和仍然作一个现实的农户之间的对比没有什么不同。

利润率与广告强度之间的相关性不仅可以反映这一点，而且也反映出在有关会计资料利用与滥用的评论中所讨论的会计的人为性。会计做账没有用与处理有形资产同样的方法来处理企业特殊商标和商誉资本的投资。这就可能引起对广告强度大的企业利润率的扩大性歪曲。

因此，在企业活动的商誉和商标方面进行的竞争提出了一系列理论和衡量问题，这些问题往往被严重忽视，以至于无法确定竞争强度。这些与理性预期和会计倾向性相关的讨论就结束了，但这些问题的一再出现要比这些讨论深刻得多。有代价的信息与产品的同质性使所有集团（或市场）的定义都是任意的，而且，使用广告这样的投入品越密集，围绕市场定义的任意程度也越大，这并不是没有道理的。在统计上与广告强度倾向于相关的利润率并不像一般所解释的那样，说明了对进入某个集团或市场的障碍严重。它可能是由于一个集团内产品多样化之间的替代性较弱。替代性水平较低反过来又反映了获得知识的高成本以及在商标受到法律保护的情况下消费者对潜在的产品多样化嗜好的更大差别。看来规模经济对包括了这些“替代性小”的产品多样化的大“市场”更为重要。这会引起利润增加，并增加我们与专利、商标和版权所提供的保护联系起来的价格-成本余额，或者，利润也可能来自提高了投入品不可分性的适用性。

154

信息费用与强制、欺诈，以及商标间竞争问题

引入重要的信息费用从根本上改变了对企业和竞争的分析。由于产品、供给者和购买者都会无法确知地改变质量，所以，交换经济要求信息的生产和传播，甚至垄断者也应该向有前途的买者提供它生产的产品的可获得性与性质的信息。信息传播不仅是企业的任务，它是卖者与买者联合的产物。买者起码要承担花费时间和注意力从其他使用转移过来的代价，这部分获得信息的费用必然包含有强制的成分。任何一个希望交流的人都应该把部分注意力用于获得联络吸引。这种注意力不可能是一件完全自愿的事。交流者不能以完全自愿的基础来安排转移这种注意力；请求允许传递消息的行动本身是一种要求开始时引起注意的强制成分的消息。即使交流者希望这种注意是自愿的，吸引注意力的过程也应该从得到其他人自愿允许开始，而这就必然包含着打扰或引起注意的强制成分。如果竞争是完全的，这种强制成分是不必要的，这只是因为完全竞争模型假定，拥有所有交换所必需的知识。这样，有知识有代价的一个结果就是把强制这条“毒蛇”引入了自由主义伊甸园。每

次我们看广告牌、听商业新闻和评论电子信箱送来的消息，都不自愿地承担了某种引起注意的成本。即使企图避免进行交流也意味着不自愿地承担了费用，但是，许多获得信息的费用是由买者自愿承担的，诸如报纸、收音机、电话、电视和其他信息接受媒介。然而，无论是自愿承担还是非自愿承担，这些成本简单地反映了信息并不是免费的这一事实。

包括一定量信息传递费用在内的竞争活动的组合不如包括这种费用低的竞争活动的组合合意吗？如果可以把“客观事实”的交流与劝说式交流分开，以便允许前者而限制后者，那么，这种判断就是有用的。但没有什么方法能以令人信服的方式作出这种区分，因为给予人们某种物品可获得性信息就是劝说人们去购买这种物品，而且，更常见的情况是，提供的一种信息量的增加也会引起另一种信息量的增加。我无法确定我们是否想作出这种区分。劝说并不是没有价值的，它可以是生产性的。任何一个抚养过孩子、“教育过”学生和已婚的人都应该知道这一点，而且，一种经常发生 155
的情况是某一天被劝说购买了产品，而在第二天发现，这些产品满足了要是不买就不容易满足的欲望。当然，也有欺诈或误传，而且，列出规定并配以类似的管制可以改善交流，但归根结底，最可靠的保护来自允许竞争地出售质量和商誉的制度。

某些信息传递是为了把竞争对手的销售量转到自己企业中来；这几乎必然引起保护自己的销售量不受其他人竞争努力的损害。一般认为，目的是在同一个张伯伦集团内各个卖者之间重新分配既定市场的广告是浪费的，因为它仅仅是改变企业之间的销售量。但是，我们决不知道，什么时候一个卖者的品牌广告宣传将传递给买者有真正价值的信息，更应该指出，也有一种减少这种类型交流的方法。把张伯伦集团组织成一个垄断者，这样企业间的竞争就停止了。这就减少了企业间广告竞争的强度，据认为这并不合意，但它也减少了价格竞争的强度。而政策又被困难的交替所困惑。

美国竞争政策的总结性评价

到现在为止在这篇评论中有一点是清楚的，即在提出对竞争问题充分理解的观点之前，经济学还有许多工作要做。但是，世界并不等待经济学家。它建立并实施了支持竞争的公共政策，这既可以通过像《谢尔曼反托拉斯法》这样公开的竞争政策，也可以通过财产、契约和民事法。在这两种竞争政策来源之间强调哪一种是有分歧的问题，而且，我们已经作出，并将继续作出的公开的专门反托拉斯政策强调了以前所讨论的交替所引起的问题。由于这些交替，我或其他任何一个人所提出的评价，没有一种在所有细节上让那些认真思考所涉及问题的人心悦诚服。要通过取消美国已创立的反托拉斯立法来证实那些令人信服的建议是困难的。

正是在实施竞争政策的过程中，我们知道了哪一个竞争范围是允许的并受到鼓励，而哪一个是被禁止的。政策的实施也和经济理论一样，在其公开发表的见解中远远是不完善的；因此，我把对美国反托拉斯政策实施的总结性评论作为这篇评论的结论。在本文
156 中毫无疑问的是，我要表述的观点是猜测性的，并反映了我自己对经济行为的理解。与竞争相比。我主要重视的是效率，这与本文的前一部分是一致的。

横向价格协定

在实施谢尔曼法时美国法院所面临的第一个实质性争论是价格协定的合法性。他们对这个争论选择的解决办法已赢得了以后案例中长期成立的接受(除了1933年阿巴拉契亚煤矿案件),并获得了大多数反托拉斯经济学家的广泛支持。这个案例不仅认为价格协定是非法的,而且,它不承认那些目的是说服法院承认协定价格合理性的辩护。佩卡姆法官在以前两个案例(达拉斯-密苏里,1897,以及联合关税案,1898)中都认为,唯一合理的价格是由竞争决定的价格。

对价格协定的一揽子禁止给了企业家一个明确的信号,它也使法院卸掉了判决由卖者之间协议确定的价格的合理性和重要性的负担。这些是重要的实际有利处,而且,他们有力地支持了当时新古典竞争和卡特尔价格理论所支持的一揽子禁止。新古典理论很难承认由协议决定的价格合理的可能性。它的中心模型的假设,即完全竞争,是经过检验的。假定市场参与者对技术拥有完全信息,这就使企业家除了提高价格外很少关心别的什么。实际上,正如这篇评论所强调的,信息是不完全的,而且得到信息是有代价的。由于其他企业家是技术和组织信息的来源,所以,令人惊讶的是,企业家之间的某些集会没有起到交流这种信息的有用的社会功能。虽然很容易看出把某种价格讨论包括在内的诱惑,但价格控制可能并不是所有这些集会的结束。除了这种信息假设,完全竞争还坚持认为,企业规模太小,以至于无法以卖者的独立行动为基础确定一个稳定的理论均衡。近年来的著作根据核心理论提出了一种可能性,即生产的不可分性会提出破坏这种理论均衡的企业规模要求，而且，这就使有关价格的合作协议成为合意的。根据所有这些考虑，完全竞争否认企业家之间的集会会服务于有用的社会目的的可能性，而且，禁止价格协议本身与这个模型所决定的倾向性是一致的。

然而，对法院来说，指导它作出有关价格协定的决定所依据的假设是，在决定价格时企业家有自己重要的利益，而且这些利益往
157 往与更广泛的社会利益是冲突的，这并不错。一般来说，广泛否定价格协议是正确的。不正确的是把这种否定扩大到禁止**本身**的法律地位。要找到否定在市场上只占小份额产量的价格决定的价格协议的理由是困难的(阿巴拉契亚煤矿，1933)。[①] 当只涉及市场的一小部分时，可以认为这种价格协议只是更广泛的协议的垫脚石，但是，这种看法本身是建立在这样一种市场观上：价格协议除了减少产量之外没有别的目的。如果可以提出其他目的，那么，支持对所有价格协议进行抨击，仿佛这些协议旨在达到同样目标的说法就减弱了。要找到对卖者之间确定**最高**价格的价格协议的否决也是困难的。在亚利桑那的玛瑞科巴县，医师一致同意确定对他们进行的某些医疗手术的最高价格，而且，并不是所有的医生都参加了这个协议。卡特尔理论对此并没有提供令人满意的解释，而且，除了被告所主张的目的——当政策执行者采用这种程序时在减少医疗保险提供者在把保险单用于手术时由于不了解他们所面临的责任的限度而产生的风险——以外，我没有发现这个协议的明确目的。据认为，这个协议可以使保险公司以低于没有这种协议时的保险费

① 法庭对阿巴拉契亚煤矿的判决通过宣布被告无罪而背离了先例。但反托拉斯学者认为判决放弃了对价格协议有点保守的一揽子禁止。

提供服务，而且，法院的有罪判决很难有什么理由。由于价格理论大全没有想严肃地解释这类反常现象，所以，它就没有为这种案例提供可靠的指导。价格协议也可以用于保持产品或劳务的质量，诸如零售价格协议和特许经营店统一定价。可以简单地把特许经营商店作为一种竞争者借以达到相同价格协议的幌子，但也把它看作是特许经营店所想要的结果，即更易于解决在监督和控制半独立的特许店中面临的问题，以便保证所提供的产品和劳务质量实现标准化。如果一个店收取的价格低于相邻的店，它就可以得到相邻的店的业务，因为顾客有既定的理由相信，所有特许店的质量都是标准化的。邻店经营亏损会有损于他们投资于提高质量的资产和劳务的打算，而降价的特许店也会降低其物品的质量。因此，确定统一的价格有利于保持质量标准。

这些理论观点说明了价格协议的社会价值，而且，允许根据价格的合理性进行某种辩护的反托拉斯政策也优于只提出一揽子禁 158
止的政策。但是，如果我们是在没有对价格协议的禁止和一揽子禁止之间选择，在我看来还是宁可要一揽子禁止。斯密著名的见解看来在这里是适用的：

> 同行业中人甚至为了娱乐或消遣也很少聚集在一起，但他们谈话的结果，往往不是阴谋对付公众便是筹划抬高价格。[①]

---

① 还应该注意的是，斯密正是在下一句话中表明了："诚然，想通过能实施的或不违反自由和正义的法律来阻止同业者这样的集会，那是办不到的，但法律不应该使这种集会易于举行，更不应该使这种集会非举行不可。"亚当·斯密：《国民财富的性质和原因的研究》，上册，商务印书馆 1972 年版，第 122 页。

但是，对合理性的检验会好一些。是否合理取决于法院在区分合理的价格协议与不合理的价格协议时的熟悉程度。帕克汉法官判断，法院这样做的手段贫乏，或者也许是这样，但我认为，有某些条件使法院对合理性作出正确决定较为容易。如果卖者是确定最高价格而不是最低价格，那么，这种协议就更可能减少基本外部性或信息问题，而不是伤害买者。同样，如果参加协议的企业市场份额总和如此之小，以至于没有获得控制价格的权力，那么，价格协议就更会服务于社会的有用目标。当这些条件出现时，我认为对合理性的检验就是适用的。要求价格协议合理是因为它们在使市场状况更加稳定中的作用，正如核心理论所主张的，当把价格协议运用于企业实现低成本所要求的巨大的市场时，对价格协议的猜测性更大，而且更不易于确定其社会的合理性。

市场结构

关于法院对横向价格协议之后的看法，所提出的下一个突出问题是企业规模与市场结构。美国反托拉斯政策是以区分通过勾结性协议来控制价格和通过一个或几个企业的市场明显优势来控制价格的方式形成的。前一种类型的控制正是要禁止的，而后一种类型的控制只有在判断为不合理时才是非法的。要对这种区分的两个方面作出解释。存在一种区分吗？如果存在的话，根据什么来作出这种区分呢？

如果通过价格协议控制的市场份额和由一家企业控制的市场份额相同，那么，认为可以由一家企业来实现对价格的更有力控制就是完全合理的。这个企业并不需要与其他企业合作。这样，如果

仅仅根据对价格控制的可能程度来作出判断，那么，反托拉斯立法 159
对一个非常有优势的企业就应该比把几个共同有同样市场份额的卖者联系在一起的价格协议更为严肃。马上就遇到了这种政策问题。假定市场上有 20 个同样规模的企业，其中两个企业想通过协议来决定价格，原则本身使它们的协议是非法的。这两个企业之间进行定价合作，但它们的控制只占市场的 10%。对一个相同的市场结构确立公平待遇的企图将判定销售量占市场 10% 的企业违背了反托拉斯法。这种公平性肯定是愚蠢的，因为没有一个企业的规模如此之小，以至于它的市场份额无法等同于可以通过价格协议联合在一起的企业。即使协议企业联合的市场份额如此之小，以至于对市场价格没有什么重要影响，对价格协议的禁止本身可能会，而且也已经用于对协议的取消。把这个原则扩大到市场结构就会没有能免除起诉的企业规模。

在我们强调这个问题之前，有必要离开原则本身，回到一个替代原则，这个原则要求在可以宣布价格协议违背了反托拉斯法之前说明市场价格会受到价格协议的很大影响。公平待遇要求分解所控制的市场份额等于或大于足以使小企业之间的价格协议非法的单个企业。如果这一个企业由少数寡头来代替，情况又如何呢？这种寡头对价格的控制比联合起来占有相同份额的小企业利用价格协议对价格的控制要弱一些，因此，从包括既定份额的价格协议的非法性中并没有得出由无勾结的寡头拥有同样市场份额也是非法的。但是，为了论述方便，假设引起几家企业控制既定市场份额的价格协议变为对价格同等程度的控制，仿佛拥有与由少数几家不通过这种协议联系的大企业相同的市场份额。这就是高集中代替了勾结性协议。企业理论并不关心决定在哪一点上一种严密的市场结构变成了相当的价格协议。我们并不能准确地确定在我们达到由发生作用的勾结协议提供价格控制之前应该成为多高的集中，但我们知道，应该有一个相当的集中程度，因为我们认为，一个非常大的支配企业达到的价格控制比通过价格协议合作的几家企业引起的控制更有力。假设我们会同意相当于非法价格协议的市场集中程度，我们仍不希望反托拉斯法把这两种情况——价格协议和市场结构作为同一件事对待；对价格的控制不是唯一的考虑。

160 参加一个包括的市场份额足以被作为非法的价格协议是较为便宜的，而且，如果协议破裂的话，参与者不承担很多成本。因为，许多价格协议将会仅仅为了提高价格和减少产量而产生。玩价格协议这种游戏是便宜的，因为这种协议通常并不要求有关内部组织、规模和参加企业效率的严肃细则。与此相比，如果企业为了建立一种获得同种程度价格控制的寡头结构而变大，即使是通过合并而完成的，也会对效率有重要的影响。如果这样做仅仅是为了得到对价格更大的控制，就可以冒险去建立一些无法成功地与小竞争对手竞争的低效率企业。因此，简单地形成只能在短期内控制价格的寡头就不如为同一目的而形成价格协议。

区分价格协议和集中的第二个理由是从价格协议中得到的社会利益可能小于从集中的市场结构中所得到的。**通常**的价格协议产生于卖者以损害买者而获益的企图，而并不产生于解决某种动态进入-退出或信息问题的需要。但是，尽管对所有价格协议的严格禁止偶尔也会引起主要目的是替代价格协议的市场重组，但集中的市场结构往往产生于与控制价格的欲望基本不同的原因。对那些结构变得集中的行业历史的考虑表明，产品创新和技术变化起了重要的作用。对这些以社会有益的方式成功地竞争的企业进行惩罚就是破坏社会对利润导向的依赖，这就引起国有化或详细的管制来替代市场竞争对手的妥协。这种重要的代替不是惩罚价格协议的正常结果。

美国工业经历的提高市场集中的历史支持这样一种看法：随着工业结构变得更为集中，社会得到了某些利益。肉类加工工业变得集中是因为一些企业采用了冷藏贮存和运输技术，而且，这使它们真正具有优势并赢得了大的市场份额。引进冷藏技术也使少数啤酒酿造厂有取代高度地方性酿造厂的能力。亨利·福特认为依靠装配线技术以低成本大量生产同样类型的低价格汽车大大提高了美国汽车工业的集中程度。当其他烟草企业拒绝采用机器卷烟时，杜克愿意生产并销售机器卷制的香烟就为他的美国烟草公司赢得了香烟行业的大部分份额。普罗克特和甘布尔把洗涤剂引入 161
清洁品市场是他们二战后大部分成功的原因。通过一次次合并而创建的美国钢铁公司尽管被增长更快的竞争对手占领了部分市场，但仍继续在扩大规模，这一事实证明了规模经济在钢铁业中的胜利。虽然 IBM 公司没有生产出第一台计算机，但它在大量生产计算机方面是领先者，而且在引入新机型方面超过了通用自动计算机（Univac）。1880—1920 年间美国基本工业结构的变化也反映了由于铁路网建成而引起的运输成本大幅度减少，这就使地方性成功企业摆脱了以前高运输成本对他们的限制而进入遥远的市场。

这些变化中有一些反映出了规模经济的出现，但另一些变化反映了优良的产品和技术不一定与规模经济相关。即使生产成本表现出规模收益不变，一些企业对优良产品或优良技术的开发可以简单地通过降低这些企业单位产品成本水平来引起市场集中。归根结底，这种市场集中程度的提高受到了边际成本递增和对某种产品边际偏好递减的限制，但在大部分市场份额归优秀企业之前，这种情况不会发生。

在这些插曲发生期间和以后的某个时期内，这些行业中不同规模企业记录的利润率将不同，这反映了创新企业的优势。这些企业会比他们不太成功的竞争对手有更高的利润率。并不需要这种利润率差别持久存在，因为其他企业会围绕早期创新者的成功进行模仿或创新，但利润率差别的形式会在相当长时期内存在。对行业内利润率的研究表明，较集中行业中大企业的利润率高于小企业，而且，在最集中的行业中这种趋势最强（德姆塞茨，1973、1974 和 1989）。

要仅仅根据垄断权力的存在构想出对这种情况的解释是困难的，因为如果一个行业内企业的效率没有差别，那么，通过市场集中而提高的市场价格会使各种规模企业的获益相等。一个行业内各企业之间产品质量或生产成本的差别是利润率系统差别存在所需要的。在高度集中的行业中，有较重要创新历史的企业也有高利润率，至少在竞争性创新攻关赶上这些企业之前是这样。没有什么能保证持续的优势，而且我相信，大规模一般所引起的低效率之严重足以引起市场集中程度逐渐下降，但是，这需要时间，而且，在产品和成本的重要发现对市场结构和行业内利润率的影响消失之前，还有相当长的时间。

162 美国的反托拉斯政策引起了一种对市场集中的处理比对价格

协议的处理要偏向优先的政策，但是，在反托拉斯历史的中期也出现过对市场集中的严格处理。从 1890 年到 1911 年，集中的市场结构遇到的反对很少。1911 年，在两个著名案件，即美孚石油公司和美国烟草公司案件中，高度市场集中被作为宣判被告企业有罪的部分理由，并要求它们解散，但只有当法庭认为有掠夺性的被告企业提供了其行为记录时，高度集中才是合适的。没有这种行为，就不能违法地构成市场集中（美国钢铁公司。1920 年）。以后，在判决美国铝公司案件（1945）时，勒尼德·汉德法官冒险地作出高度市场集中本身违背了谢尔曼法的判决，要求结构性补偿措施。汉德在美国反托拉斯法庭的地位并没有保持下去。最近 25 年来，法庭又回到了比美孚石油公司和美国烟草公司案例中所描述的要好的态度。1970 年以后，同一市场企业间不同利润率的资料证据和用优秀企业解释市场集中的主张在这种转变中起了作用。

在以下讨论中包括了高度市场集中来源的两种不同观点：

·市场集中的产生仅仅是为了实现对价格的控制。

·市场集中的产生是因为刺激一个或几个企业增长的产品与技术突破，或者使最优企业规模扩大。

当然，即使市场集中的产生是因为产品和技术突破，它也会扩大确定价格的权力。此外，集中行业中大企业利润率高也可能是由于企业规模而不是实施了控制。如果要进行有效竞争就需要大量企业，那么，即使市场出清价格在现有企业的单位成本之上。市场上也没有另一个企业存在的余地，另一个企业进入可能会迫使所有卖者的价格降到单位成本之下。价格保持在单位成本之上并不是由于现有企业实施了价格控制，而是由于为了消除价格与单位成本之间的正余额而对供给微调是不经济的。

在市场集中程度研究中一个令人感兴趣而又大部分未解释的发现与此是一致的。集中程度与利润率之间的相关性往往只在高度市场集中行业存在，在八家企业集中率低于60%的行业中这种相关性微弱或不存在。这种间断性反过来又可以用大企业的规模
163 经济来解释。在集中率为零到60%的行业中，集中率的变动主要不是由于企业规模的变动，它是由市场规模的变动与市场上规模几乎不变的企业的结合。在这种市场集中率范围之内，小市场表现出较高集中率。在集中率为60%至100%的行业中，集中率的变动主要是由于企业规模的变动，而不是市场规模的变动。市场越集中，主导企业的规模也越大。现有企业总产量与产生“竞争性”收益的产量之间的不对称性在后一种市场集团中越可能、越严重。这是由于按最优规模企业来进入更为困难。在这个集中率范围之内，随着市场越来越集中，价格也越来越大于单位成本，这只是因为这个不可分性问题。对这些行业来说，我们预期，而且我们也发现利润率和集中之间有强的相关性（德姆塞茨，1989）。

合并

关于引起市场集中的合并我们可以说的话很少。根据仅仅出于价格控制目的而进行的合并的可能性，可以把合并定位于企业内部增长和价格协议之间。在某种程度上，合并涉及企业的基本重组，它更可能的是内部增长而不是价格协议。而且，就这种程度的合并而言，要仅仅是出于更好地控制价格的目的也不大可能。当然，通过合并能占有的市场份额越大，可以得到的价格控制程度也

越大。这就意味着，当不涉及实质性企业重组时，反托拉斯政策会怀疑引起很高市场集中的合并。但是，即使是这种合并也会引起成本下降和其他类型的效率，并引起大于社会损失的社会收益，这种社会损失可能与更大的控制价格能力相关（威廉森，1968）。

可以根据所表现的这种效率为合并进行辩护，但很难得到证实。这是由于：

· 在经过若干年之前，所宣称的效率不大可能在经验事实上反映出来，以及

· 即使实现了仅仅由于合并而产生的效率，合并的企业也可能在联合中有失误，并且可能没有认识到这些效率。

虽然美国司法部考虑对它关心的合并的支持和反对，但它预先宣布的合并标准如果不打破的话就往往引起官方的反对。这些标准涉及市场结构的两个方面，即由合并引起的市场集中程度提高以 164
及市场集中水平。但是，实施反托拉斯法的记录表明，这些标准并没有为实际上反对哪一种合并和不反对哪一种合并提供一个良好的指导。

合并是一种值得研究的现象。按比较合并前后两家企业总和的股票价格来衡量似乎表明合并有某种好处，但合并对获得企业的所有者特别有利。平均而言，按合并前后会计利润率来衡量，合并似乎既不是非常有利，也不是非常不利。获得企业的股东通常有很大收益，这反映了获得企业预期从获得中得到利润。这种预期有时实现了，有时没有实现，这一点解释了平均而言会计利润率不能说明从合并中得到了很大收益或亏损。认为在两个企业总和的会计利润中没有大量收益是合并活动缺乏社会正确性的证据，这种观点

是错误的。合并是一种和其他竞争方式同样的竞争活动，即使当合并产生了社会收益时也没有理由期望它会产生高收益。我们不妨进行一种类比分析。大部分突然出现的企业失败了，但以此为依据禁止新企业形成是一种值得怀疑的推理。少数企业成功了，而且，即使这些企业本身由于模仿者的迅速进入而有较为适中的利润，这些企业也会产生大的社会收益。同样，即使某些合并只记录了较适当的利润，它们也会产生大的社会收益。

当价格协议被反托拉斯当局禁止时，与企业内部增长相比，由于合并似乎是对价格协议一种风险较低的替代，所以，当市场高度集中时，合并面临某种难以变更的标准是合理的。但是，也允许用效率来进行辩护。

掠夺性做法

虽然与价格协议相比，对市场集中的偏爱已得到证实，但法庭所用的实际标准是一个危险的标准。如果市场集中是在没有掠夺性行为时产生的，那么，高度市场集中就可以得到宽容。掠夺已成为判断获得对市场价格影响所依据的试金石。如果由于不同的企业优势集中已经产生，那么不同于掠夺的正确标准就避免了对随着合并或内部增长而产生的价格控制的惩罚。优势可以根据产品与劳务的质量和成本来判断。

什么时候是价格掠夺，什么时候是简单的竞争呢？对这个问题我们没有正确的答案。所提出的最普通的回答是在所确定的价格低于边际成本时就是掠夺，但这就提出了一个如何衡量价格和边
165 际成本的问题。常见的情况是企业在推销它们的产品时会赠送样

品。价格低于边际成本吗？如果按由于“赠送样品”预期销售的每单位产品收益流量的现值来计算价格，价格就不会高于边际成本。的确，从事促销活动的企业指望这种价格衡量超过赠送的单位的成本，否则它进行促销活动就是无利的。按这种预期的意义来正确地看的话，即使所赠送的产品不收费，价格也大于边际成本。从这个角度来看，没有一家企业，甚至没有一家一心要确保控制地位的企业，会以低于边际成本的价格出售产品。一个以这种方式追求控制地位的企业期望从未来销售中得到的收益现值大于其现期销售的亏损。

在这两种情况下，逻辑与计算是完全相同的：没有一种方法可以通过价格-成本比较来区分它们。因此，把以低价格向买者提供物品的定价政策作为掠夺来抨击可能是抨击促销物品的诚实竞争价格。剥夺买者现在低价格购买机会的政策在于一种观念，即保护企业现在免受竞争对手低价格之苦，以使更多的企业在“明天”仍然存在，而这就保证了买者明天的低价格，这种观念坚持了错误。它是高度猜测性的，而且暗含了利率为负的观念。“手里的鸟”应该比“灌木丛中的鸟”更值钱，而不是更不值钱。这种政策可能是要减少对从竞争对手那里赢得市场份额的价格竞争的刺激，并减少最低价格协议合法化的数量。在事后估算市场价格时，法庭假设它拥有它不可能拥有的对未来的了解，而且，即使一个企业能以低价格购买另一种产品，这也是正确的，因为它对它出卖的物品确定了低价格。

不仅对掠夺行为的理论化是猜测性的，而且，它也没有认识到一个比它所谓的掠夺效率并不高的新开业企业从战略掠夺中获得利润是多么困难。为了阻止进入而确实低于成本的价格给现有企业带来的损失比给状况良好的进入者带来的损失要大得多，因为前者失去了它的大部分市场份额，而后者实际上什么也不损失。除非原有企业的成本低于状况良好的进入者，否则这类政策很可能失败。同样，如果所谓的掠夺者没有较低成本的话，任何一种为了惩罚竞争对手或阻止进入而提高投入品价格的企图都无法发生作用。在成本相同时，作为一个同样规模的竞争者，它的亏损和为投入品支付的高价格一样多，而且，如果规模大的话，它的损失更多。我还没有涉及掠夺行为的合理性，如果一个人对这种做法深思熟虑的话，就会避开这种两难处境。这意味着，依据反托拉斯原则去寻求惩罚掠夺性做法很可能是惩罚了总体上竞争有效率的企业。

由于我们没有一种可靠的逻辑可以说明什么时候价格是掠夺
166 性的，什么时候仅仅是竞争性的，所以，这是一种特别危险的政策。我已经提出，不能根据价格低于边际成本标准来作出区分，而且，这种以成本为依据的标准无论如何都是愚蠢的。为什么一个企业受降价但仍高于边际成本的竞争对手的惩罚不如受使价格降到边际成本以下的竞争对手的惩罚重呢？如果降价幅度相同，那么，所引起的收益损失也相同。而且，无论竞争对手新的低价格是否弥补了它的成本，它也不能弥补企业成本的损失。我可以说明无法根据价格降低是掠夺性的还是简单的竞争来区分降价行为。如果我们信任市场竞争，那么，反托拉斯当局就应该放弃把掠夺性作为一个标准来运用。这是因为对市场竞争的信任意味着，如果存在掠夺性降价，这种降价也是很难成功的，是偶然的，而且也很难把有益的降价分离出来，以便证明政策对降价的反对是明智的。某些竞争方法与社会利益的对立更明显，而且更容易看到，从而就容易与有益的竞争方法区分开来。对通过烧掉别人工厂和进行虚假广告竞争的竞争者应当给予惩罚，之所以这些竞争手法应当受到惩罚是因为我们坚信，这些手法不会给社会带来有意义的利益，这些手法不能称为价格竞争。

纵向经营行为

这个题目的范围包括通常互相买卖的企业完全成熟的纵向一体化以及当这些企业互相买卖时，一个企业对另一个企业实施的较有限的控制；并不直接包括企业合并和企业之间在任何一个既定生产水平上的协议。如果它们是这样的话，就会给政策引起一个应该包括在针对竞争者之间的协议或市场集中的政策之中的问题。我认为，没有一个真正与反托拉斯政策相关的问题是由纵向经营活动所引起的。如果完全的纵向一体化并没有受到禁止，如果是通过纵向合并或对其他企业经营活动的纵向控制来实现纵向一体化，企业就可以合法地做它自己想做的事。

先来考虑对其他企业经营活动纵向控制的第一个问题。假设一个企业从产品制造到零售是以纵向一体化的方式组织起来的。当该企业销售自己的产品，而且在零售市场上没有控制地位时，它就没有与其他企业达成价格协议。因此，它就不能对零售价格实施重要的控制。在它内部如何组织生产是与反托拉斯无关的管理问题，企业不用怕反托拉斯当局。

把同样的制造和零售活动放在一起，并把它们分到几个不同所有者的企业，有一个制造厂和几个原来零售部的独立所有者。独立

167 的制造业企业把它的产品卖给独立零售企业的所有者，但是，只有在每个零售商都不把产品转卖给其他零售商时，才能这样做。那些可以拒绝和选择与竞争的制造商交往的零售者自愿加入协议。

现在，如果由指示自己零售商的管理者不卖给超出自己零售店一定距离地方的顾客，完全一体化企业并不违背反托拉斯法，那么，为什么出售给独立零售商的制造商要由于零售范围的限制而受到惩罚呢？对此，实在想不出什么好理由来。

我们关注的是说明范围限制的目的，这就正如我们关注说明在完全纵向一体化企业中限制零售管理者行动自由的目的一样，但要说明回答如何会导致反托拉斯惩罚是困难的。对反托拉斯法之下的合法性问题，只要说明允许纵向分开的企业可以做任何事，它们就会纵向一体化为一个企业就足够了。

同样的结论对纵向一体化企业也是成立的。如果将要纵向一体化的企业并没有由于违背反托拉斯法关于在任何一个相关市场上的价格控制而犯罪，那么，把它们组织在一个纵向一体化企业中就并不违背反托拉斯的基础。美国反托拉斯政策中最黑暗的日子是在二战结束后的20年内。在那个时期，不仅高度市场集中本身接近于违背了谢尔曼法，而且，其也对纵向合并进行了相当大的干预。幸运的是，在最近25年间对纵向一体化关注的强度减弱了。

现在，经济理论中存在一种很有影响的观点，这就是论述了加强一个企业对纵向生产的一环中的另一个企业的纵向控制，甚至某种程度上的完全纵向一体化对效率的有利性。这种有利性特别包括了半纵向一体化或完全纵向一体化减少机会主义和搭便车行为严重性的能力（克莱因、克劳福德和阿尔奇安，1978；以及威廉森，

1983)。例如，在广告与零售商相联系的规模经济情况下，进行这种广告对制造商是重要的。如果零售商可以进入相互的市场范围，就会抑制广告，因为这时如果允许第二个零售商在第一个零售商做广告的地理范围内出售同样的产品，那么可能的情况就是，第一个零售商的广告活动将有利于竞争对手；为了使广告的数量接近于最优，制造商会发现，不让独立的零售商到相邻的市场范围内销售是合意的。在这种情况下，自愿的范围限制就促进了有效地向买者提供信息。

一些经济学家表现出对纵向控制，特别是完全纵向一体化对进 168
入市场条件影响的关注，这是正确的。由于经营状况良好的进入者在超过生产中纵向一环的一种水平之上经营，所以，在这种意义上，所要求的资本量大于只在一个水平上进入是必然的。但是，由于存在更大的资本要求，所以，纵向一体化使效率提高也是必然的。如果纵向一体化是效率的决定因素，那么分别进入两个相邻纵向水平的企业可以比选择在两个水平经营的一个企业更便宜地筹集资本。因此，所谓创造出来的障碍与在经营状况良好的进入者拒绝使用有效率技术之前设定的障碍没有什么不同。如果一个企业可以通过只投资于半条装配线进入自动化生产，那么，资本需求就小。但是，如果一条完整的装配线效率更高，那么，成功的进入要求完全投资的事实就很难构成社会所关注的进入障碍。

有时也会出现不能合法地控制产量和价格的企业进行纵向限制的情况，这与当一个企业获得了它生产的产品的专利或版权保护时的情况一样。据认为，社会发现，保护市场权力是鼓励创造性活动应该承担的可接受的代价。[①]

还有一些问题与专利和版权政策不同方面的效率含义相关，但这些问题只是很肤浅地与反拉斯问题相关。在没有反托拉斯限制的情况下，发明者可以从出卖他的发明或者以依靠搭售的方式从发明的服务中获得利润。搭售可能由于引起歧视定价（但还有其他原因）增加了专利持有者从其发明中得到的利润。反托拉斯法应该是，而且在美国也的确是用于禁止价格歧视的，但显而易见的是，当把摆脱竞争对手看得和简单地减少从现有市场权力中获得的利润一样时，这种做法就没有减少市场权力。可以认为，这样运用反托拉斯法可能相当于对发明的利润征税，而且，这类做法就是对专
169 利和版权政策的补充。这样运用反托拉斯法是不是明智取决于如何判断这样做的后果。限制发明者获得的利润减少了对发明的激励。减少他们可以形成价格政策的程度和采用价格歧视一样往往会减少发明被使用的范围，但也不一定总是这样。可以认为，即使伴随这种政策会产生不想要的结果，限制由专利获得的财产也是合意的，但是，看来把公开的税收政策用于这一目的比运用反托拉斯政策好。

① 专利和版权所涉及的经济学问题是人所共知的。两个关键问题是要促进对创造性活动的立法保护。在很大程度上用于发明的投资要在任何一种产品上市之前作出，在这种意义上它是超前的。没有立法的保护，模仿是轻而易举的。当有模仿时，发明者将发现收回他们的投资是困难的，因为要按模仿者的低单位成本来决定价格。允许轻而易举地模仿就破坏了对发明投资的激励。在没有专利与版权时，发明者可以保护自己投资的方式是只要可能就保持发明的秘密。专利和版权鼓励投资者不依靠保密，而通过专利与版权他们就会公开其他人可以依靠的知识。因为这种保护政策不仅鼓励了发明，而且还鼓励了信息的传播。

参考文献

Alchian, A. A. "Uncertainty, Evolution, and Economic Theory," *Journal of Political Economy* (1950), 211—221.

——and Demsetz, H, "Production, Information Cost, and Economic Organization," *American Economic Review*, 62 (1972), 777—795.

Auerbach, P. *Competition: The Economics of Change.* Oxford, Basil Blackwell. 1988.

Bain, J. S. "Relation of Profit-Rate to Industry Concentration: American Manufacturing, 1936—1904," *Quarterly Journal of Economic* (August 1951), 293.

Ball, R. and Brown, P. "An Empirical Evaluation of Accounting Income Numbers," *Journal of Accounting Research*, 6 (2) (1968) 159—178.

Barnard, C. *The Functions of the Executive.* Cambridge, Mass., Harvard University Press, 1938.

Beaver, W., Clarke, R., and Wright, W. "The Association between Unsystematic Security Returns and the Magnitude of Earnings Forecast Errors," *Journal of Accounting Research,* 17 (3) (1979) 316—340.

Becker, G. S. "Irrational Behavior and Economic Theory," *J. of Political Economy*, (1962), 1—13.

Bergstrom, C. and Rydqvist, K. "The Determinants of Corporate Ownership—An Empirical Study on Swedish Data," *J. of Banking and Finance* (1990)14, 255—269.

Berle, A. A. and Means, G. C. *The Modern Corporation and Private Property.*

New York, Macmillan, 1933,

Bork, R. *The Antitrust Paradox: A Policy at War with Itself.* New York, Basic Books, 1978.

Bowles, S. and Gintis, H. "The Revenge of Homo Economicus: Contested Exchange and the Revival of Political Economy," *J. of Economic Perspectives* (Winter 1993), 83—102.

Bradley, M. "Interfirm Tender Offers and the Market for Corporate Control," *J. of Business* (1980), 345—376.

Chamberlin, E. H. *The Theory of Monopolistic Competition.* Cambridge, Mass., Harvard University Press, 1933.

Chandler, A. *Stategy and Structure: Chapters in the History of the American Industrial Enterprise.* Cambridge, M. I. T. Press, 1962.

——. *The Visible Hand: The Managerial Revolution in American Business.* Cambridge, The Belknap Press of Harvard University Press, 1977.

Clark, J. M. "Toward a Concept of Workable Competition," *American Economic Review* (1940), 241—256.

——. "Competition: Static Models and Dynamic Aspects," *American Economic Review* (1955), 450—462.

Clyde, P. S. *The Institutional Investor as an Effective Monitor of Management.* UCLA unpublished doctoral dissertation, 1990.

Coase, R. H, "R. H. Cease's Lectures," *J. of Law, Economics, and Organization* (Spring) 1988.

Conlisk, J. "Costly, Optimizers Versus Cheap Imitators," *Journal of Economic Behavior and Organization* (September 1980), 275—293.

Cornell, B. and Landsman, W. R. "Security Price Response to Quarterly Earnings Announcements and Analysts' Forecast Revisions," 18(1989), 680—692.

Demsetz, H. "The Cost of Transacting," *Quarterly Journal of Economics*, 82 (1) (February 1968a), 33—53.

——."Why Regulate Utilities?" *Journal of Law and Economics* (April 1968b),

55—66.

——. "Inconsistencies of Monpolistic Competition," *J. of Political Economy*, 80(1972), 592—597.

——. "Industry Structure, Market Rivalry, and Public Policy," *J. of Law and Economics* (April 1973), 1.

——. "Two Systems of Belief about Monopoly," in *Industrial Concentration, the New Learning,* edited by Goldschmid, Mann, and Weston. Little Brown, 1974.

——. "Accounting for Advertising as a Barrier to Entry," *J. of Business,* 52 (3) (1979), 345—360.

——. "The Structure of Ownership and the Theory of the Firm." *J. of Law and Economics*, 26 (1) (1983).

——and Lehn, K. "The Structure of Corporate Ownership: Causes and Consequences," *J. of political Economy* (December 1985), 1155—1177.

——. "Corporate Control, Insider Trading, and Rates of Return," *American Economic Association: Papers and Proceedings*, 76 (2) (May 1986), 313—316.

——. "Theory of the Firm Revisited," *J. of Law, Economics, and Organization*, 4 (1988 a), 141—163.

——. *Ownership, Control, and the Firm. Vol. 1 of the Organization of Economic Activity*. Oxford, Basil Blackwell, 1988b, 236—248.

——. *Efficiency, Competition, and Policy. Vol.* 2 *of the Organization of Economic Activity*. Oxford, Basil Blackwell, 1989, 112.

——. "George J. Stigler: Midcentury Neoclassicalist with a Passion to Quantify," *J. of Political Economy*, 5(1993), 793—808.

Dixit, A. K. and Stiglitz, J. E. "Monopolistic Competition and Optimum Product Diversity," *American Economic Review*, 67 (1977), 297—308.

Dodd, P. R. and Ruback, R. "Tender Offers and Stockholder Returns: An Empirical Analysis," *Journal of Financial Economics* (December 1977), 351—374.

Ehrenberg, R. G. and Bognanno, M. L. "The Incentive Effects of Tournaments Revisited: Evidence from the European PGA Tour," *Industrial and Labor Relations Review*, 43 (Special issue, February 1990), 574—588.

Ellsberg, D. "Risk, Ambiguity, and the Savage Axioms," *Quarterly Journal of Economics* (1961), 643—669.

Fama, E. and Jensen, M. "Agency Problems and Residual Claims," *J. of Law and Economics* (1983), 327—349.

Fisher, F. M. and McGowan, J. J. "On the Misuse of Accounting Rates of Return to Infer Monopoly Profits," *American Econ. Review*, 73 (1) (1983), 82—96.

Galbraith, J. K. *The* New *Industrial State*, Boston, Houghton Mifflin, 1967.

Gerson, J. *The Determinants of Corporate Ownership and Control in South Africa.* University of California, Los Angeles, unpublished Ph.D. dissertation, 1992.

Gibrat, R. *Les Inequalities Economiques.* Paris: Recueil Sirey, 1931.

Grossman S. and Stiglitz, J. " Information and Competitive Price Systems," *American Economic Review* (1976), 246—255.

Haltiwanger J. and Waldman, M. "Responders Versus Non-Responders : A New Perspective On Heterogeneity," *The Economic Journal*, 101(1991), 1085—1182.

Hart, O. "An Economist's Perspective on the Theory of the Firm," *Columbia Law Review*, 89 (November 1989), 1757—1774.

Hayek, F. A. "The Use of Knowledge in Society," *American Economic Review*, 35 (1945).

Hirshleifer, J. "Economics from a Biological Viewpoint," *J. of Law and Economics* (1977), 1—52.

Hoffman, E. and Spitzer, M. "Experimental Tests of the Coase Theorem with Large Bargaining Groups" (1986) in *Readings in Public Sector Economics* by S. Baker and C. Elliot. Lexington, Mass.: Heath, 1990.

Ijiri, Y. and Simon, H. A. *Skew Distributions and the Sizes of Business Firms.* Amsterdam, North-Holland, 1977.

Jarrell, G., Brickley, J., and Netter, J. "The Market for Corporate Control: The Empirical Evidence Since 1980," *J. of Economic Perspectives* (1988), 49—86.

Jensen, M. C. and Meckling, W. H. "Theory of the Firm: Managerial Behavior, Agency Costs and Ownership Structure," *Journal of Financial Economy* (1976), 305—360.

Jensen, M. C. and Murphy, K. J. "Performance Pay and Top-Management Incentives," *J. of Political Economy* (1990), 225— 264.

Joskow. "Contract Duration and Relationship-Specific Investments." *American Economic Review* (1987), 168—185.

Kim, Y. *Reputation, Managerial Labor Market and Chief Executive Turnover in Large Corporations*. University of California, Los Angeles, unpublished Ph.D. dissertation (1993).

Klein, B., Crawford, R. G., and Alchian, A. A., "Vertical Integration, Appropriable Rents, and the Competitive Contracting Process," *J. of Law and Economics*, 21 (2) (1978), 297—326.

Knetsch, J. and Sinden, J. A. "The Persistence of Evaluation Disparities," *Quarterly J. of Economics (*1987), 691—696.

Knight, F. H. *Risk, Uncertainty, and Profit*, New York, Harper & Row, 1965; first published in 1921.

Kormendi, R, and Lipe, R. "Earnings Innovations, Earnings Persistence, and Stock Returns," *J. of Business,* 60 (3) (1987), 323—345.

Lazear, E. P. and Rosen, S. "Rank-Order Tournaments as Optimum Labor Contracts," *J. of Political* Economy (1981), 841—864.

Leibenstein, H. "Allocative Efficiency vs. X-Efficiency," *American Economic Review* (1966), 56, 392—415.

Leijonhufvud, A. "Capitalism and the Factory System," in *Economics as a Process: Essays in the New Institutional Economics* , edited by Langlois, R. H. Cambridge University Press, Cambridge, 1985.

Leonard, J. S. "Executive Pay and Firm Performance," *Industrial and Labor*

Relations Review, 43 (Special issue, February 1990), 513—529.

Lewellen, W. G. *The Ownership Income of Management.* New York, Columbia Press for NBER, 1971.

——and Huntsman, B. "Managerial Pay and Corporate Performance," *American Economic Review,* 57, No. 1 (March 1967), 9.

Main, B. G. M., O'Reilly III, C. A., and Wade, J. "Top Executive Pay : Tournament or Teamwork?" *J. of Labor Economics* (1993), 606—629.

Malcomson, J. M. "Work Incentives, Hierarchy, and Internal Labor Market Markets," *J. of Political Economy (1984),* 486—507.

Mandelker, G. "Risk and Return: The Case of Merging Firms," *Journal of Financial Economy* (1974), 303—335.

Manne H. G. "Mergers and the Market for Corporate Control," *Journal of Political Economy* (1965), 73, 110—120.

Markham, J. W. "An Alternative Approach to the Concept of Workable Competition," *American Economic Review* (1950), 349— 361.

Marris, *R. The Economic Theory of Managerial Capitalism*. London, Macmillan, 1974.

Marshall, A. *Principles of Economics,* 8th ed. New York, The Macmillan Co., 1920; first published in 1890.

Masten, S. "The Organization of Production: Evidence from the Aerospace Industry," *J. of Law and Economics*, 27 (1984), 403—418.

Mitchell, M. an Lehn, K. "Do Bad Bidders Become Good Targets?" *J. of Political Economy* (April 1990), 372—398.

Murdoch, J. *Executive Compensation: The Use of Incentive Contracts to Attenuate an Agency Problem.* University of California, Los Angeles unpublished Ph. D. dissertation (1991).

Nelson, R. and Winter, G. *An Evolutionary Theory of Economic Change*. Cambridge, The Belknap Press of Harvard University Press, 1982.

Penrose, E. *The Theory of the Growth of the Firm.* Oxford. England, Basil Blackwell, 1959.

Prowse, S. D. “Institutional Investment Patterns and Corporate Financial Behavior in the United States and Japan,” *Journal of Financial Economics* (1991), 1—24.

——. “The Structure of Corporate Ownership in Japan” (1991), unpublished manuscript.

Robinson, J. *The Economics of Imperfect Competition*, London, Macmillan & Co., 1933.

Roe, Mark J. “A Political Theory of American Corporate Finance,” *Columbia Law* Review (1991), 31—53.

Roll, R. “The Hubris Hypothesis of Corporate Takeovers,” *J. of Business*, 59 (April 1986), 197—216.

Rosen, S. “Authority, Control, and the Distribution of Earnings,” *Bell Journal of Economics* (1982), 311—323.

Schumpeter, Joseph A. *Business Cycles*. New York, McGraw-Hill, 1939.

Scitovsky, T. “A Note on Profit Maximisation and Its Implications,” *The Review of Economic Studies* (1943), 57—60.

Shleifer, A. and Vishny, R. “Large Shareholders and Corporate Control,” *J. of Political Economy*, 94 (1986), 461—488.

Simon, H. *Administrative Behavior*. New York, Macmillan, 1947. Smith, A. *The Wealth of Nations* (1776). Glasgow Edition, edited by R. H. Campbell and A. S. Skinner Cannan, 1979, 41.

——. The Wealth of Nations. New York, Modern Library, 1937, 713—714.

Smith, V. “Rational Choice: The Contrast between Economics and Psychology,” *J. of Political Economy,* 99 (4) (1991), 877— 897.

Sraffa, P. *Production of Commodities by Means of Commodities:* Cambridge, Cambridge University Press, 1960.

Stigler, G.J. *Five Lectures on Economic Problems*. London, Macmillan, 1950.

——. “Extent and Bases of Monopoly,” *American Economic Review* (1942), 2—3.

——. “Economics of Information,” *J. of Political Economy,* 69 (June 1961),

213—251.

——. "The Xistence of X-Efficiency," *American Economic Review* (1976), 66, 213—216.

Sundqvist, S. *Owners and Power in Sweden's Listed Companies*. Stockholm, Dagens Nyheters Forlag, 1986.

Telser, L. G. *Economic Theory and the Core*. Chicago, Ⅲ., University of Chicago Press, 1978.

——. "The Usefulness of Core Theory in Economics," *J. of Economic Perspectives* (Spring 1994), 151—164.

Thaler, R. "Mental Accounting and Consumer Choice," *Marketing Science*, (Summer 1985).

Tversky, A. and Kahneman, D. "The Framing of Decisions and the Psychology of Choice," *Science* (January 1981), 353—358.

Veblen, T. *The Engineers and the Price System*, New York, Viking Press, 1921.

Williamson , O. E. "Hierarchical Control and Optimum Firm Size," *J. of Political Economy*, 75(April 1967), 123—138.

——. "Economies as an Antitrust Defense: The Welfare Tradeoffs," *American Economic Review* (March 1968), 18.

——. *Corporate Control and Business Behavior,* Englewood Cliffs, H. J., Prentice-Hall, 1970.

——. "Managerial Discretion, Organization Form, and the Multi-Division Hypothesis," in *The Corporate Economy*, edited by R. Marris, and A. Wood, London, Harvard University Press, 1971.

——. "Markets and Hierarchies: Some Elementary Considerations," *American Economic Review*, 63(May), 316—325.

——. *Markets and Hierarchies: Analysis and Antitrust Implications*. New York, The Free Press, 1975.

——. "Credible Commitments: Using Hostages to Support Exchange," *American Economic Review* (1983), 83.

——. *The Economic Institutions of Capitalism: Firms, Markets, and Relational*

Contracting. New York, The Free Press, 1985.

——. "Comparative Economic Organization: The Analysis of Discrete Structural Alternatives," *Administrative Science Quarterly* (1991), 269—296.

案 例 引 文

Appalachian Coals, Inc. et al. v. United States, 288 U.S. 344 (1933)

Arizona v. Maricopa County Medical Society et al., 495 U.S. 328 (1982)

Atlantic Richfield Co. v. U. S. A. Petroleum 495 U.S. 328 (1990)

Standard Oil Company of New Jersey et al., v. U.S., 221 U.S. 1 (1911)

U.S. v. Joint Traffic Ass' n., 171 U.S. 505 (1898)

U.S. v. Trans-Missouri Freight Ass' n., 166 U.S. 290 (1897)

U.S. v. Aluminum Co. (Alcoa), 148 F. 2d 416 (2d Cir. 1945)

U.S. v. American Tobacco Co., 221 U.S. 106 (1911)

索　引

（本索引页码为英文版页码，参见本书边码）

译　后　记

对于哈罗德·德姆塞茨，中国经济学界并不陌生。他的著名论文《生产、信息费用与经济组织》（与阿尔奇安合著）、《关于产权的理论》、《一个研究所有制的框架》已译成中文出版（收入上海三联书店和上海人民出版社出版的《财产权利与制度变迁》），他的著作《竞争的经济、法律和政治维度》也已由陈郁译出，并由上海三联书店和上海人民出版社出版。他的观点和论述也是被中国经济学家引述最多的美国经济学家之一。这次出版的《企业经济学》是他1995年编辑出版的一本论文集。

德姆塞茨于1930年5月31日出生于美国芝加哥市一个德裔移民的家庭，曾在伊利诺斯大学和西北大学学习，并在1959年获西北大学博士学位。他先后在密歇根大学、芝加哥大学和加州大学洛杉矶分校任教，现为加州大学洛杉矶分校阿瑟·安德森讲座教授。

德姆塞茨以对产权和交易费用、市场竞争等问题的理论与经验研究而著称，是与科斯、阿尔奇安、威廉森等齐名的经济学家。本书收入他近年间关于这些问题的七篇论文。诺贝尔经济学奖获得者诺思等人对这本书评价颇高。在这些论文中他提出了许多颇有影响的观点。在第一篇文章中他对企业的性质作出了与科斯不同的解释。科斯认为企业是用管理协调来替代市场协调，而德姆塞茨则认为，企业是只为其他人进行生产的专业化生产单位，所以，企业不是产生于交易费用的减少，而是产生于经济中相互依赖性的存在。在第二篇文章中他对企业内部组织从代理与非代理角度作出了解释。第三篇文章把产权、企业控制权、财产分配联系起来进行分析，认为产权的适当集中是必要的，这就要求财产分配既不是极端不平等，又不是极端平等，尤其强调了财产适度集中对经济发展的意义。第四篇文章探讨了利润最大化假设与理性行为。这两个假设是新古典理论的基础，但在经济学家中一直有争议。德姆塞茨对这两个假设的肯定不乏新意。第五篇文章探讨会计资料的适用性，既反对那种否定会计资料的观点，又提出防止滥用的问题。这对有关企业问题的经济研究是有意义的。第六篇文章讨论总经理报酬的决定，评论了近年来颇有影响的比赛理论。第七篇文章论述竞争问题，尤其从效率的角度评论了美国的反托拉斯政策，颇有新意。德姆塞茨的这些文章代表了产权理论的最新进展，对我们正在进行的改革也有启发意义。

在翻译这本书的过程中，我阅读了一本现在相当流行的小说《抉择》(作者张平，群众出版社出版)。这本小说写了发生在某大企业中的腐败问题。它触及了当前企业改革中的一个重要问题：因企业领导人的权力缺乏制约而导致腐败，这是一部分国有企业严重亏损的原因之一。德姆塞茨在他的著作中分析了当所有者缺乏对产权的控制时，专业管理者的“工作中消费”，即我们所说的以工作为名出国旅游或吃喝玩乐。从德姆塞茨的论述中我深感，发生在《抉择》一书中的各种现象正是对德姆塞茨理论的图解。德姆塞茨的理论正是对《抉择》这本小说中所反映问题的深层次分析。中国人写的小说是反映当前我国国有企业改革的问题的，美国人写的理论著作是论述一般企业理论问题的，两者之间的相似说明了德姆塞茨的这本书值得我们一读。我想如果读者把这两本书对照起来看，也许会得到更多的启示。

梁小民

译校于西坝河寓所

1997.11—1998.4

经济学名著译丛

第一辑书目

凯恩斯的革命　〔美〕克莱因 著
亚洲的戏剧　〔瑞典〕冈纳·缪尔达尔 著
劳动价值学说的研究　〔英〕米克 著
实证经济学论文集　〔美〕米尔顿·弗里德曼 著
从马克思到凯恩斯十大经济学家　〔美〕约瑟夫·熊彼特 著
这一切是怎么开始的　〔美〕W.W. 罗斯托 著
福利经济学评述　〔英〕李特尔 著
增长和发展　〔美〕费景汉 古斯塔夫·拉尼斯 著
伦理学与经济学　〔印度〕阿马蒂亚·森 著
印度的货币与金融　〔英〕约翰·梅纳德·凯恩斯 著

第二辑书目

社会主义和资本主义的比较　〔英〕阿瑟·塞西尔·庇古 著
通俗政治经济学　〔英〕托马斯·霍吉斯金 著
农业发展：国际前景　〔日〕速水佑次郎 〔美〕弗农·拉坦 著
增长的政治经济学　〔美〕保罗·巴兰 著
政治算术　〔英〕威廉·配第 著
歧视经济学　〔美〕加里·贝克尔 著
货币和信用理论　〔奥地利〕路德维希·冯·米塞斯 著
繁荣与萧条　〔美〕欧文·费雪 著
论失业问题　〔英〕阿瑟·塞西尔·庇古 著
十年来的新经济学　〔美〕詹姆斯·托宾 著

第三辑书目

劝说集　〔英〕约翰·梅纳德·凯恩斯 著
产业经济学　〔英〕阿尔弗雷德·马歇尔　玛丽·佩利·马歇尔 著
马歇尔经济论文集　〔英〕阿尔弗雷德·马歇尔 著
经济科学的最终基础　〔奥〕路德维希·冯·米塞斯 著
消费函数理论　〔美〕米尔顿·弗里德曼 著

第四辑书目

第五辑书目

第六辑书目

经济周期的规律与原因　〔美〕亨利·勒德韦尔·穆尔 著
美国经济史 上卷　〔美〕福克讷 著
美国经济史 下卷　〔美〕福克讷 著
垄断资本　〔美〕保罗·巴兰，保罗·斯威齐 著
帝国主义　〔英〕约翰·阿特金森·霍布森 著
社会主义　〔奥〕路德维希·冯·米塞斯 著
转变中的美国经济　〔美〕马丁·费尔德斯坦 编
凯恩斯经济学的危机　〔英〕约翰·希克斯 著
就业理论导论　〔英〕琼·罗宾逊 著

第七辑书目

社会科学方法论探究　〔奥〕卡尔·门格尔 著
货币与交换机制　〔英〕威廉·斯坦利·杰文斯 著
博弈论与经济模型　〔美〕戴维·M. 克雷普斯 著
英国的经济组织　〔英〕威廉·詹姆斯·阿什利 著
赋税论 献给英明人士 货币略论　〔英〕威廉·配第 著
经济通史　〔德〕马克斯·韦伯 著
日本农业的发展过程　〔日〕东畑精一 著
经济思想史中的经济发展理论　〔英〕莱昂内尔·罗宾斯 著
传记集　〔英〕约翰·梅纳德·凯恩斯 著
工业与贸易　〔英〕马歇尔 著

第八辑书目

经济学说与方法史论　〔美〕约瑟夫·熊彼特 著
赫克歇尔-俄林贸易理论　〔瑞典〕伊·菲·赫克歇尔 戈特哈德·贝蒂·俄林 著
论马克思主义经济学　〔英〕琼·罗宾逊 著
政治经济学的自然体系　〔德〕弗里德里希·李斯特 著
经济表　〔法〕魁奈 著
政治经济学定义　〔英〕马尔萨斯 著
价值的尺度 论谷物法的影响 论地租的本质和过程　〔英〕马尔萨斯 著
新古典宏观经济学　〔美〕凯文·D. 胡佛 著
制度的经济效应　〔瑞典〕托斯坦·佩森 〔意〕吉多·塔贝林尼 著

第九辑书目

资本积累论　〔德〕罗莎·卢森堡 著
凯恩斯、布卢姆斯伯里与《通论》　〔美〕皮耶罗·V. 米尼 著
经济学的异端　〔英〕琼·罗宾逊 著
理论与历史　〔奥〕路德维希·冯·米塞斯 著
财产之起源与进化　〔法〕保罗·拉法格 著
货币数量论研究　〔美〕米尔顿·弗里德曼 编
就业利息和货币通论　〔英〕约翰·梅纳德·凯恩斯 著　徐毓枬 译
价格理论　〔美〕米尔顿·弗里德曼 著
产业革命　〔英〕阿诺德·汤因比 著
黄金与美元危机　〔美〕罗伯特·特里芬 著

第十辑书目

货币改革论　〔英〕约翰·梅纳德·凯恩斯 著
通货膨胀理论　〔奥〕赫尔穆特·弗里希 著
资本主义发展的长波　〔比〕欧内斯特·曼德尔 著
资产积累与经济活动 / 十年后的稳定化政策　〔美〕詹姆斯·托宾 著
旧世界 新前景　〔英〕爱德华·希思 著
货币的购买力　〔美〕欧文·费雪 著
社会科学中的自然实验设计　〔美〕萨德·邓宁 著
马克思《资本论》形成史　〔乌克兰〕罗斯多尔斯基 著
如何筹措战争费用　〔英〕约翰·梅纳德·凯恩斯 著
通向繁荣的途径　〔英〕约翰·梅纳德·凯恩斯 著

第十一辑书目

经济学的尴尬　〔英〕琼·罗宾逊 著
经济学精义　〔英〕阿尔弗雷德·马歇尔 著
更长远的观点——政治经济学批判论文集　〔美〕保罗·巴兰 著
经济变迁的演化理论　〔美〕理查德·R. 纳尔逊　悉尼·G. 温特 著
经济思想史　〔英〕埃里克·罗尔 著
人口增长经济学　〔美〕朱利安·L. 西蒙 著
长波周期　〔俄〕尼古拉·D. 康德拉季耶夫 著

自由竞争的经济政策　〔美〕亨利·西蒙斯 著
社会改革方法　〔英〕威廉·斯坦利·杰文斯 著
人类行为　〔奥〕路德维希·冯·米塞斯 著

第十二辑书目

自然的经济体系　〔美〕唐纳德·沃斯特 著
产业革命　〔美〕查尔斯·A. 比尔德 著
当代经济思想　〔美〕悉尼·温特劳布 编
论机器和制造业的经济　〔英〕查尔斯·巴贝奇 著
微积分的计算　〔美〕欧文·费雪 著
和约的经济后果　〔英〕约翰·梅纳德·凯恩斯 著
国际经济政策理论（第一卷）：国际收支　〔英〕詹姆斯·爱德华·米德 著
国际经济政策理论（第二卷）：贸易与福利　〔英〕詹姆斯·爱德华·米德 著
投入产出经济学（第二版）　〔美〕沃西里·里昂惕夫 著

图书在版编目（CIP）数据

企业经济学 / (美)哈罗德·德姆塞茨著；梁小民译 .-- 北京：商务印书馆，2025.--(经济学名著译丛).--ISBN 978-7-100-24877-8

Ⅰ. F270

中国国家版本馆CIP数据核字第202596R2D7号

经济学名著译丛

企业经济学

〔美〕哈罗德·德姆塞茨 著

梁小民 译

商 务 印 书 馆 出 版

（北京王府井大街36号 邮政编码100710）

商 务 印 书 馆 发 行

北京市十月印刷有限公司印刷

ISBN 978 - 7 - 100 - 24877 - 8

2025年9月第1版　　开本 850×1168 1/32

2025年9月北京第1次印刷　　印张 8¼

定价：60.00 元